BUZZ

© 2017 Buzz Editora

Publisher ANDERSON CAVALCANTE
Editora SIMONE PAULINO
Assistente editorial SHEYLA SMANIOTO
Projeto gráfico ESTÚDIO GRIFO
Assistentes de design LAIS IKOMA, STEPHANIE Y. SHU
Revisão DANIEL FEBBA, JORGE RIBEIRO

Dados Internacionais de Catalogação na Publicação (CIP)
(Câmara Brasileira do Livro, SP, Brasil)

Rocha, Erico
*Como usar a internet para alavancar suas vendas ou criar
um negócio digital do zero* / Erico Rocha
São Paulo: Buzz Editora, 2017.
160 pp.

ISBN 978-85-93156-24-3

1. Administração de empresas 2. Empreendedores
3. Empreendedorismo 4. Marketing na Internet 5. Negócios
6. Publicidade na Internet 7. Sucesso em negócios I. Título.

17-05641   CDD-658.5

Índices para catálogo sistemático: 1. Gestão de negócios
na Internet: Administração de empresas 658.5

Todos os direitos reservados à:
Buzz Editora Ltda.
Av. Paulista, 726 – mezanino
Cep: 01310-100 São Paulo, SP

[55 11] 4171 2317
[55 11] 4171 2318
contato@buzzeditora.com.br
www.buzzeditora.com.br

erico rocha
como usar
a internet para
**alavancar
suas vendas**
ou
**criar um
negócio digital
do zero**

o guia definitivo

TERMO DE RESPONSABILIDADE

Todas as estratégias e informações que você vai ler neste livro, e que aprendi, quando comecei a usar a internet para vendas, marketing e construção de negócios on-line, são fruto de minhas experiências profissionais na área.

Embora eu tenha me esforçado ao máximo para garantir a precisão e a mais alta qualidade dessas informações, de forma que todas as técnicas e métodos aqui ensinados são altamente efetivos para qualquer pessoa que esteja disposta a aprender e a colocar o esforço necessário para aplicá-los conforme instruídos, estes métodos e informações não foram testados ou comprovados cientificamente, e sim na prática.

As estratégias e informações aqui presentes são para todos, mas não são para qualquer um. Você precisa estar disposto.

Além disso, sua situação particular pode não se adequar perfeitamente aos métodos e técnicas ensinados neste guia. Assim, você deverá utilizá-lo ajustando as informações de acordo com sua necessidade específica e, por essa razão, os resultados podem variar de pessoa para pessoa. Não existe qualquer garantia, há somente a experiência e o depoimento de milhares de clientes bem-sucedidos graças a este método.

Atenção

Todos os nomes de marcas, produtos e serviços mencionados aqui são propriedade de seus respectivos donos e são usados somente como referência. Além disso, não existe a intenção de difamar, desrespeitar, insultar, humilhar ou menosprezar você, leitor, ou qualquer outra pessoa, cargo ou instituição. Caso você acredite que alguma parte deste guia seja, de alguma forma, desrespeitosa ou indevida, e deva ser removida ou alterada, você pode entrar em contato diretamente comigo através do e-mail **suporte@ignicaodigital.com.br**

SOBRE O AUTOR

A história por trás do método que vou te ensinar

Meu nome é Erico Rocha e eu nasci em Brasília em 1977. Meus pais se mudaram de Minas Gerais para a capital um ano antes do meu nascimento, à procura de uma vida melhor.

Meu pai veio de uma família humilde e, para dificultar um pouco, meu avô morreu cedo, deixando minha avó com nove filhos pequenos. Por isso, meu pai começou a trabalhar bem cedo, vendendo alface no tabuleiro de madeira, de porta em porta, para ajudar minha avó com as finanças da casa.

Já minha mãe veio de uma família economicamente melhor, até que minha avó faleceu aos 45 anos, de câncer. Depois disso, meu avô decidiu vender tudo o que tinha para entrar no ramo de empréstimo de dinheiro. Ele acabou perdendo tudo e, no final da vida, não era dono nem da casa onde morava, e tinha que acordar todo dia, bem cedo, para assar biscoito e pão de queijo para vender às padarias locais.

Logo, a vida não foi fácil para nenhum dos meus pais e, por isso, a missão de vida deles era investir o que fosse preciso (dinheiro e energia) para que meus irmãos e eu tivéssemos a melhor educação e o melhor emprego possível, além de uma vida estável, sem ter que passar pelas mesmas dificuldades pelas quais eles passaram.

Eu consegui honrar todo esse esforço. Estudei o máximo que pude, passei em uma excelente universidade pública e arrumei o melhor emprego que eu consegui.

Em 2009, estava no meu nono ano trabalhando no mercado de bancos de investimento em Londres, com um super contrato em um dos maiores bancos de investimento do mundo, o JP Morgan.

Só tinha um problema...

Apesar de todo esse "sucesso", eu era extremamente infeliz. Aquela carreira era tudo o que os meus pais sonharam e lutaram para eu ter e, no entanto, **aquilo não era o meu sonho**. Meu sonho era empreender e fazer a diferença. Mas abandonar uma carreira e um salário como o que eu tinha era simplesmente desesperador para mim.

Em um momento de loucura, naquele mesmo ano de 2009, pedi demissão para criar um negócio que eu nem sabia qual era. Depois de tomar a decisão e comunicá-la ao meu chefe, tive dor de barriga por três dias seguidos e perdi nove quilos.

Acredito que essa tenha sido **a decisão mais difícil que eu já tomei**, mas, passados esses dias mais críticos, era a hora de colocar a mão na massa.

Depois de mais ou menos dois meses de muito trabalho, meu irmão, Hugo Rocha, e eu lançamos um negócio para ensinar investidores a comprar imóveis abaixo do valor de mercado em leilões.

Mas, seis meses depois de colocar o site desse negócio no ar, ele não faturava nem o suficiente para pagar as despesas de marketing.

Foi então que eu pensei: "Eu criei um negócio digital, mas não estudei quase nada de marketing, e tem muita informação na internet sobre isso". Assim, comecei a consumir todo conteúdo de marketing que passava pela minha frente.

Contudo, a quantidade de informação era tão grande e tão completamente desorganizada que, no final das contas, não estava me ajudando em quase nada.

Então, para dar um basta nisso, **decidi investir alto em minha educação de empreendedor digital** e fui atrás de um conteúdo que estivesse organizado em um só lugar e que eu pudesse colocar em prática rápido.

Afinal, naquela altura do campeonato, **eu precisava fazer o meu negócio dar resultado**, ou seja, eu precisava vender.

Um dia, um amigo me disse: "A cenoura pode motivar o burro de duas formas diferentes: ou estando na frente, ou estando atrás". E, no meu caso, ela estava dos dois lados, porque, se meu negócio não começasse a gerar resultado rápido, eu teria que voltar à minha antiga carreira. Mas havia um problema: do jeito que pedi demissão, eu cometi suicídio corporativo. Logo, voltar não era mais uma opção para mim.

Acabei encontrando um curso com o conteúdo que eu precisava, da forma que eu precisava. O investimento não foi nada barato (minha esposa achou que eu estava louco) e eu tive que viajar para os Estados Unidos para fazer o curso, mas ele me deu um direcionamento simples e prático, e isso acabou sendo **o momento da virada**.

O momento da virada

Meu irmão e eu arregaçamos as mangas, reestruturamos nosso marketing e, no dia 23 de março daquele ano, relançamos o nosso site. Num período de sete dias, faturamos mais de R$ 100 mil reais utilizando nada mais do que a internet para isso.

Tínhamos feito nosso primeiro 6 em 7, ou seja, seis dígitos de faturamento (mais de R$ 100 mil) em sete dias consecutivos. E o melhor: tínhamos em nossas mãos um método, **uma fórmula que poderíamos repetir quantas vezes conseguíssemos** naquele mesmo negócio ou, ainda, utilizar para criar outros negócios (assim como fizemos).

Nesse momento, eu parei e pensei: "Meu Deus, se com um curso só eu já tive tanto resultado, imagina o que mais existe nesse mundo que também pode dar resultado?". E, então, eu investi boa parte desse faturamento em cursos de Marketing Digital fora do Brasil. Eu aprendi muita coisa legal, mas nada foi tão eficiente quanto o que tinha aprendido já no primeiro curso.

Então eu decidi mergulhar fundo nesse método, com o Hugo. Foi assim que faturamos nosso primeiro milhão. E, depois, múltiplos milhões.

Nessa fase, a empresa já estava faturando bem e possuía uma alta margem de lucro (eu tinha apenas três funcionários). Eu já havia voltado ao Brasil e realizado meu sonho de morar à beira-mar.

Foi aí que percebi: eu tinha a oportunidade de lançar outras empresas. Então, um grupo australiano de *trading* me convidou para lançar no Brasil um produto deles, que ensinava a investir na bolsa.

E eu já tinha uma grande audiência de investidores e sabia lançar e vender produtos na internet. Produtos de investimento dão muito, mas muito dinheiro mesmo. Não seria uma missão difícil. Mas eu não tinha paixão nenhuma por aquilo. Eu não queria entrar, de novo, em um negócio de mercado financeiro.

Nessa época, eu ficava me perguntando o que eu realmente gostava de fazer. Foi quando minha esposa, Juliana, me disse para ensinar Marketing Digital e Empreendedorismo, porque eu só falava disso, para quem quisesse escutar. Segundo ela, parecia que eu queria transformar todo mundo em empreendedor.

E era verdade.

De fato, **empreendedorismo ou, especificamente, empreendedorismo digital, é uma paixão para mim**.

Mas, para eu ensinar o que sabia, teria que mostrar o segredo de tudo que eu tinha implementado no meu negócio. E deu certo.

Dois anos depois de fazer minha empresa quintuplicar o seu faturamento anual, **resolvi ensinar outras pessoas**, em eventos ao vivo, o que tinha dado certo para mim.

O meu primeiro evento tinha mais de cem pessoas. Só que, à medida que essas pessoas iam para casa, aplicavam o método e tinham resultado, a fama da eficiência dessas técnicas foi se alastrando. O último evento ao vivo que fiz contou com mais de 3 mil pessoas.

E, agora, como meu objetivo é levar essa mensagem para o maior número de pessoas possível, compartilho com você, neste livro, a base essencial dessa metodologia.

Seja ousado, faça acontecer!

↳ **Um passo além**

História é uma coisa complicada. Eu fiz o possível para resumir a minha aqui, mas se você quiser saber a fundo como tudo aconteceu, assista a este vídeo: **www.ericorocha.com.br/historia**

COMO USAR ESTE LIVRO

O seu aprendizado e desenvolvimento é diretamente proporcional ao foco e à imersão no que você quer aprender. Isso não vale só para Marketing Digital e Empreendedorismo, mas para qualquer coisa que você decida aprender.

Logo, uma das coisas que você vai precisar fazer é criar o seu "próprio mundo", onde em boa parte do tempo você, praticamente, vai respirar Marketing Digital e Empreendedorismo.

Este livro vai ser o seu guia central, mas ler uma boa parte dele e passar o resto do seu dia assistindo jornal na TV não vai ajudar muito. Você vai precisar ter mais controle sobre os *inputs* que vai se dar, principalmente quando você terminar este livro e começar a aplicar as estratégias no seu negócio.

Por isso, eu gostaria de compartilhar com você algumas dicas para facilitar o seu processo de imersão nesse universo do Empreendedorismo:

1. Um passo além

Reserve um tempo para se tornar um *overachiever*! Assista aos vídeos complementares que preparei para você expandir seus conhecimentos. Neles, eu conto a minha história e o que me trouxe até aqui, comento trechos do livro, dou exemplos e muito mais!

2. Faça resumos

Procure ler com calma e resumir os principais conteúdos em um caderno. Faça isso de tal maneira que você consiga explicar o conteúdo aprendido para outra pessoa.

3. Assine meu canal no YouTube

www.youtube.com/ignicaodigital
Lá, você encontra grandes sacadas do mundo do Empreendedorismo Digital.

4. **Curta minha página no Facebook**
   www.facebook.com/ignicaodigital
   Conteúdo de qualidade direto na sua timeline.

5. **Siga meu perfil no Instagram**
   www.instagram.com/rochaerico/
   Pílulas diárias de sabedoria e bastidores do dia a dia de um empreendedor.

6. **Assine meu podcast**
   Para você que é fã de conteúdo em áudio, procure por Erico Rocha em seu aplicativo de podcasts favorito.

7. **Crie grupo de estudos**
   Indique este livro para outras pessoas e forme um grupo de estudos. Discutir os aprendizados do livro com amigos, colegas e pessoas próximas ajuda você a ir além. Lembre-se: se você quer ir rápido, vá sozinho, se quer ir longe, vá acompanhado.

INTRODUÇÃO

Eu acredito que este livro será útil para muita gente. Por um lado, ele serve para quem já tem um negócio e quer aumentar o faturamento. Por outro, ele serve para quem ainda não tem um negócio, mas sonha em ter.

Além disso, as estratégias que apresento aqui servem para uma infinidade de tipos de empreendimentos. Por isso, tenho diversos estudos de caso nas mais variadas áreas, como saúde, emagrecimento, *coaching*, relacionamento, desenho, investimento, imóveis, meditação, jogos de tabuleiro, conferências, palestras, guitarra, desenvolvimento pessoal, ensino de línguas, implantes dentários, ervas medicinais, treinamento de liderança, vendas, contabilidade, lançamento de livros, e muitos outros.

Vou ficar muito feliz se você terminar este livro conseguindo enxergar as múltiplas oportunidades de aplicação dessa metodologia.

Além disso, na última parte do livro, mostrarei a você qual modelo de negócios eu apliquei na minha trajetória empreendedora. Esse modelo é tão inacreditável que me permitiu:

→ Ter a maior margem de lucro que eu já vi no planeta.

→ Ter uma estrutura superenxuta, com poucos funcionários (por muito anos, inclusive, eu não precisei sequer ter um escritório).

→ Começar com um investimento inicial tão baixo que faz qualquer outro negócio parecer a coisa mais cara do universo.

→ Escalar investimentos, reduzindo assim os investimentos arriscados, que pudessem comprometer, por exemplo, a minha estrutura.

→ Viver para cumprir a minha missão e acordar mais empolgado do que nunca para trabalhar.

→ Ter liberdade e tempo, como eu nunca tive antes, para passar com a minha família e participar do crescimento dos meus filhos.

Você vai descobrir esse modelo na terceira parte deste livro. Mas, para entender por que esse modelo é tão rentável, eu preciso ensinar para você duas coisas importantes:

1. Qual o tipo de marketing que dá resultado na internet

Você vai aprender a utilizar, no seu negócio, um marketing que traz **resultados palpáveis e mensuráveis**.

Ao medir e saber o retorno de cada ação, você poderá **escalar seus investimentos com risco super calculado** e, com isso, fazer seu negócio crescer de modo disruptivo, não importa o que você venda (desde que seu cliente acesse a internet).

Você **não vai precisar começar com orçamentos milionários**. Basta investir, mesmo com um orçamento pequeno, para obter o retorno e aumentar o seu investimento à medida que vai vendo resultado.

Uma coisa eu garanto: depois de terminar essa parte, você nunca mais vai ver o marketing da mesma forma. Para 99% das pessoas, esse tipo de marketing e vendas é uma grande caixa-preta na qual você coloca 1 real de um lado e saem 3 reais do outro.

Ao terminar essa parte, você vai fazer parte do 1% de pessoas que entende o que acontece dentro dessa caixa preta.

Depois de te explicar isso, eu vou ensinar a você:

2. Como você pode implementar esse tipo de marketing (seja na criação de um negócio do zero, seja aplicando em um negócio já existente)

Nesta parte, eu vou mostrar para você, através de um passo a passo, **a melhor maneira de estruturar seu negócio digital** (o melhor é que ele serve tanto para quem já tem um negócio como para quem quer construir um negócio do zero).

Esse método é inacreditável! Sabe por quê? Porque ele permite que você:

→ Otimize o seu tempo de trabalho.

→ Foque nos clientes certos, ou seja, nos clientes que mais vão trazer resultado para você.

→ Crie relacionamento com seus clientes (tornando-os fiéis a você).

→ Aumente – e muito – o seu lucro.

Agora, sabe por que eu organizei o livro dessa maneira? Porque, mesmo que você ainda não tenha um negócio, a melhor coisa que você pode fazer agora é aprender a fazer marketing que dá resultado. Se você não sabe investir, gerar venda ou fazer um negócio crescer, não adianta eu dar de bandeja o melhor modelo de negócios do mundo, porque você simplesmente não vai sair do lugar.

Por outro lado, o que mostro neste livro é tão poderoso que, tenho certeza, vai ser quase impossível ignorar este novo modelo de negócio, mesmo que você já tenha o seu.

Eu tenho incontáveis estudos de caso de pessoas que criaram novas unidades de negócio ou que "pivotaram" seus negócios para este novo modelo, depois de descobrirem o que vou ensinar para você.

Eu, verdadeiramente, acredito que o que tem dentro deste livro pode transformar a sua maneira de fazer negócios on-line. Isso porque o conhecimento que eu divido aqui com você transformou tanto a mim como a milhares de pessoas que eu já mentoreei.

Por isso, **é muito importante que você consuma o conteúdo deste livro na ordem em que ele está sendo apresentado a você**. Acredite, eu investi pesado no planejamento da organização perfeita desse mundo de informações para que você consiga **consumir, aprender e aplicar da maneira mais eficiente possível**.

E, o mais importante: **leia, aprenda, aplique e indique para as pessoas ao seu redor!**

COMO FAZER MARKETING QUE DÁ RESULTADO NA INTERNET

1

como é possível ter resultados extraordinários?

Os resultados gerados por pessoas que aprenderam o que você vai aprender neste livro são extraordinários! E o melhor de tudo é que eu acredito que qualquer pessoa que esteja realmente comprometida em aprender e aplicar as estratégias deste livro vai poder colher bons frutos.

Eu não digo isso por intuição nem nada do tipo. Digo isso porque, no momento em que eu escrevo este livro, existem mais de seiscentos estudos de caso catalogados de pessoas que criaram negócios 100% on-line do zero ou, ainda, que conseguiram verdadeiros saltos em suas vendas, quando aprenderam a utilizar a internet de uma forma que dá resultado.

Muitas pessoas, inclusive, chegaram **a reportar que fizeram o equivalente a um ano de vendas em um período de sete dias, quando usaram nossas estratégias.**

No entanto, grande parte das pessoas que descobre isso acaba confundindo um pouco as coisas. Por isso, eu vou ser mais direto e claro agora: **apesar desse tipo de resultado ser possível, ele não é típico.**

O que eu quero dizer com isso?

Quero dizer que nem todo mundo vai conseguir esse tipo de resultado.

Um louco
sem resultados
é chamado
de louco.
Um louco
com resultados
é chamado
de gênio.

Sabe por quê?

Porque apesar de possível, não é fácil fazer o que tem que ser feito. Neste livro eu vou dar o caminho, a direção, mas o esforço e a dedicação de estudar, aprender e aplicar é com você. É como diz o ditado: **"Você pode levar o cavalo até o rio, mas não pode forçá-lo a beber a água"**. E, infelizmente, nem todo mundo está disposto a fazer sua parte, a entrar em campo, a não desistir no primeiro tropeço ou obstáculo.

Ler este livro e ficar sentado na cadeira, sem fazer nada, não vai fazer com que os resultados apareçam magicamente para você. Mas, se você estiver disposto a arregaçar as mangas, ir à luta e se esforçar, este livro vai dar a você o caminho que muitos já trilharam para conseguir chegar lá.

Então, agora que todas as cartas estão na mesa, como é possível ter resultados extraordinários?

2
nem todos os clientes são iguais

Primeiramente, você precisa entender que existem 3 tipos de clientes em potencial, ou seja, que você pode converter para o seu produto ou serviço. Entender quais são esses tipos e qual deles você vai buscar vai fazer com que você use a estratégia mais apropriada para o tipo de cliente que você deseja atingir.

Uma boa maneira de ilustrar os tipos de cliente é pensá-los como partes de um iceberg.

TIPOS DE CLIENTE

Na maioria das vezes, o que está visível em um iceberg é a pontinha que fica para fora da água. Na pontinha, temos o nosso primeiro tipo de cliente, e geralmente você e a sua concorrência estão todos buscando convertê-lo. Mas que tipo de cliente é esse?

Cliente supermotivado (CSM)

O CSM tem duas grandes vantagens:
- → Ele sabe que precisa do seu produto.
- → Ele está procurando pelo seu produto.

"As pessoas
não sabem
o que querem
até você
mostrar a elas."
STEVE JOBS

Para esse cliente, tudo o que você precisa fazer é apresentar sua oferta na frente dele. Não precisa nem ser elaborada, é só falar o que você vende, quanto custa e como ele faz para comprar. É tipo uma pessoa que em janeiro se olha no espelho e fala: "Chega! Preciso perder peso urgentemente. Vou me matricular na primeira academia que vir pela frente".

Isso exige o mínimo de estratégia e esforço, e é exatamente por isso que a pontinha do iceberg é onde a grande maioria das empresas e das marcas atua. Logo, é aí que você terá toda a sua concorrência disputando esses clientes com você. O que vai acontecer é que você acaba tendo que brigar por preço com a sua concorrência e, consequentemente, tende a diminuir a margem de lucro do seu negócio.

Assim, o csm acaba apresentando duas desvantagens:
- → Alta concorrência.
- → Pequena amplitude de mercado (você vai entender melhor essa ideia nos próximos tipos de cliente).

Por isso, se você está em um mercado no qual a concorrência ainda está muito baixa por esse tipo de cliente, começar por ele é melhor coisa que você pode fazer.

Agora, se a concorrência está muito grande ou se você acredita que já esgotou essa fatia do mercado e ainda deseja aumentar suas vendas, você vai querer aprender algumas técnicas de mergulho para poder ir um pouco mais fundo nesse iceberg: em direção ao segundo tipo de cliente.

Cliente levemente motivado (CLM)
Qual é a característica do CLM?
- → Ele sabe que precisa do seu produto, mas está procrastinando (não está procurando pelo seu produto).

CSM

CLM

CNM

Como você já deve saber, o ser humano é procrastinador por natureza. Logo, segundo a minha experiência, para cada CSM que venceu a procrastinação, existem pelo menos outras 20 que ainda estão procrastinando, ou seja, 20 CLM.

Isso faz com que essa segunda fatia do mercado seja vinte vezes maior que a primeira fatia. A sacada é que as técnicas para atingir esse segundo tipo de cliente são diferentes das que se usa para atingir o primeiro tipo.

Lembra do nosso iceberg? Então, é como se a área dele fosse 20 vezes maior do que a pontinha do iceberg e, para atingir esse cliente, você precisaria aprender algumas técnicas de mergulho, teria que ter uma máscara, roupa especial para aguentar o frio etc.

E quais são as técnicas para atingir esse tipo de cliente? Eu vou mostrar essas técnicas mais para frente neste livro, mas eu já adianto que são técnicas simples, porém não são técnicas fáceis.

Ficou confuso?

Vou explicar melhor.

Imagina que alguém queira treinar para correr uma maratona. Isso é algo simples (existem inúmeros aplicativos hoje que mostram exatamente o que você tem que fazer), porém não é fácil, porque exige dedicação, esforço, tempo.

Vamos então conhecer as vantagens do CLM:
- → Eles existem em maior número.
- → Existe menos concorrência disputando por ele.
- → Dessa forma, você não precisa brigar tanto por preço, o que vai deixar uma margem de lucro maior para você poder investir no seu negócio (equipe, estrutura física, tecnologia etc.).

E quais são as desvantagens do CLM?
- → Você vai precisar de mais técnica e energia para atingi-lo.

Logo, aqui começam a existir barreiras de entrada e, quanto mais profundo você mergulhar para explorar esse iceberg, mais difíceis vão ficar as barreiras de entrada.

Agora, caso você queira atingir um número ainda maior de pessoas, vamos mergulhar ainda mais e entender o terceiro tipo de cliente.

Cliente não motivado (CNM)

O que faz um cliente entrar na categoria dos não motivados?

→ Ele precisa do seu produto, mas ainda não sabe que precisa.

→ Ele não está procurando pelo seu produto.

Tem gente que precisa perder peso e cuidar melhor da saúde, mas não sabe que precisa. Tem gente que precisa aprender a fazer marketing, mas ainda não sabe que precisa.

Nesse caso, para cada pessoa da primeira fatia, da pontinha do iceberg (aquela que está desesperada e que todo mundo disputa) existem por volta de 50 que se enquadram no terceiro caso.

Quais as vantagens do CNM?

→ Eles estão em maior quantidade (para cada CSM existem 50 CNM).

→ Nessa faixa, existe ainda menos concorrência.

→ Você vai poder cobrar um preço justo pelo seu produto, aumentando assim a sua margem de lucro.

Mas assim como os clientes 1 e 2, o CNM também tem desvantagens:

→ Você vai precisar de ainda mais esforço, energia, paciência e técnica para atingi-lo.

Agora, falando por mim, desde que descobri como fazer marketing da maneira que dá resultado, eu sempre miro nos

CLM e nos CNM. Dificilmente vou disputar o CSM, a não ser que ainda não tenha nenhuma concorrência lá (o que é raro).

Eu adoro falar com clientes levemente motivados ou não motivados porque, ali, eu não tenho concorrência. Eu posso fazer meus negócios terem uma boa margem de lucro e, sabendo as técnicas certas, eu acabo tendo resultados quase disruptivos.

Agora, para você saber como vender para esses dois tipos de cliente (CLM e CNM), você precisa entender os dois tipos de marketing.

3
os dois tipos de marketing

Todo negócio, não importa em que estágio esteja (começando a dar seus primeiros passos ou o gigante do mercado), quer ter mais clientes.

Mas, para conseguir isso, o que geralmente se faz? Investe-se em marketing. Ou seja, você sabe que tem que investir em marketing porque isso vai trazer mais clientes e você quer mais clientes.

MARKETING DE BRANDING

O primeiro tipo de marketing que vem à mente é algo mais ou menos assim: você investe R$ 1 mil em várias campanhas e, com isso, a sua marca ou produto aparecerá para um grande número de pessoas. Estas pessoas vão lembrar de você e, a longo prazo, você tem fé de que esse investimento vai retornar. Esse tipo de marketing é conhecido como Marketing de *Branding*.

O problema desse tipo de marketing é que você não consegue mensurar exatamente qual campanha gerou retorno positivo e qual gerou retorno negativo.

E por que isso é um problema?

Ao contrário de grandes empresas, pequenos e médios empreendedores não têm milhões de dólares para investir em marketing. Eles têm um orçamento bem restrito e cada real investido em marketing precisa dar retorno para não colocar seu próprio negócio em risco.

Sabe-se que empresas grandes como a Coca-cola, a Red Bull e o McDonald's investem dezenas de milhões em Marketing de *Branding*.

E esse tipo de marketing funciona?

Sim, funciona. Se não funcionasse, eles não continuariam fazendo.

O problema é que essas empresas não sabem quais desses milhões estão dando retorno e quais não estão.

Você, como pequeno ou médio empreendedor, ou como aspirante a empreendedor, infelizmente ainda não tem rios de dinheiro para investir e, portanto, não pode se dar ao luxo que a Coca-cola se dá. Você precisa ser mais eficiente neste começo. E a resposta para se tornar eficiente chama-se Marketing de Resposta Direta.

Mas veja, não me leve a mal: eu não estou aqui dizendo que marketing de *Branding* não funciona. Ele funciona sim. No longo prazo. Principalmente, se você tiver muito dinheiro para investir e pouca expectativa de retorno no curto prazo.

Mas como esse não é o caso da maioria dos pequenos e médios empreendedores, esse não é o marketing que eu recomendo para você começar. Na minha opinião, quando se está começando, você tem que lutar para que cada real investido em marketing dê um retorno positivo.

E como você faz isso?

Para você entender melhor como se faz isso, antes você precisa entender o que é Marketing de Resposta Direta.

"Esperança não
é uma estratégia
de marketing."
JEFF WALKER

MARKETING DE RESPOSTA DIRETA

Nesse tipo de marketing, o que conta não é tanto se o seu potencial cliente lembra de você ou não, mas sim se ele gera retorno para você, e mais do que isso: se ele gera retorno financeiro a curto prazo. Logo, **a métrica que realmente importa nesse tipo de marketing é o retorno financeiro gerado pelo seu investimento** (também conhecido como ROI – *return over investment*).

No Marketing de Resposta Direta, a coisa mais importante que existe é gerar uma resposta mensurável.

Vou te dar um exemplo pessoal, agora. No meu primeiro negócio, eu comecei investindo R$ 1 mil e cheguei ao ponto de investir R$ 150 mil por mês com retorno positivo.

Sabe como eu fiz isso?

Montando um ciclo virtuoso de investimento, que funciona da seguinte forma:

Passo 1
Estipule um investimento para sua campanha em Marketing de Resposta Direta.

Se for a primeira vez que você está executando esse passo, comece pequeno. A intenção do primeiro passo não é ganhar rios de dinheiro, mas entender o que funciona e o que não funciona.

No meu caso, eu comecei com um investimento de R$ 1 mil. Para muita gente isso é muito, para outros isso é pouco. Para mim, era uma quantia que estava confortável de investir na época.

Passo 2
Invista esse dinheiro em diferentes campanhas de Marketing de Resposta Direta.

No meu caso, eu fiz vários anúncios de links patrocinados.

Passo 3
Meça o retorno de cada campanha.
Aqui você vai perceber que algumas campanhas têm melhor resultado do que outras. Isso quer dizer que o ROI delas varia.

Passo 4
Redirecione o investimento das campanhas que performam pior para as campanhas que performam melhor.

Passo 5
Pegue parte do lucro obtido nos passos anteriores e aumente o orçamento que você tem para investir em Marketing de Resposta Direta.
No meu caso, eu investi R$ 1 mil e voltaram R$ 3 mil. E então eu peguei R$ 500,00 do lucro e adicionei ao meu orçamento de R$ 1 mil, totalizando um orçamento de R$ 1,5 mil.

Passo 6
Repita os passos anteriores, agora com o orçamento maior.
Eu repeti os passos com o novo orçamento de R$ 1,5 mil, o que gerou, na época, um lucro de R$ 5 mil.

Os passos 5 e 6 podem parecer óbvios, mas você cairia para trás, ao saber quantas pessoas não seguem esses passos.

Para você ter uma ideia, um dia, numa viagem ao exterior, eu encontrei um aluno de um curso que dou, chamado Fórmula de Lançamento. Ele me contou que tinha investido R$ 5 mil nas campanhas para o primeiro lançamento de um produto digital que ele criou.

E esse investimento tinha retornado por volta de R$ 50 mil (o que é um ROI maior que o da poupança).

E o que ele fez no segundo lançamento?

Ao invés de aproveitar o magnífico ROI positivo do

primeiro lançamento e aumentar o orçamento de marketing direto, ele foi lá e investiu os mesmos R$ 5 mil.

Esse, para mim, é um erro estratégico clássico.

Contudo, entender de Marketing de Resposta Direta é necessário, mas não é o suficiente para você aprender a vender para os dois tipos de cliente que mencionei anteriormente (o CLM e o CNM). Para isso, você vai precisar entender outro tipo de marketing: o Marketing de 3 passos.

A métrica que realmente importa nesse tipo de marketing é o retorno financeiro gerado pelo seu investimento.

4

marketing de 1 passo

×

marketing de 3 passos

Como você viu no capítulo anterior, com o Marketing de Resposta Direta surgiu a possibilidade de medir e comparar os resultados de cada campanha específica.

Essas comparações mostraram **duas variáveis: as que "sussuram"**, ou seja, que causam uma pequena melhora nas conversões, **e as que "gritam"**, que causam um salto enorme nas conversões.

Dentro do grupo das variáveis que "gritam", **a que causou o maior salto em resultado foi colocar alguns passos a mais no processo**. Isso ficou conhecido como Marketing de 3 passos.

Deixa-me explicar melhor o que é isso.

No marketing direto tradicional, você faz um anúncio e chama a pessoa direto para venda. Ou seja, nesse processo existe apenas um passo.

Já no Marketing de 3 passos, antes de fazer a oferta você oferece algo de valor para o seu prospecto, em troca do contato dele (na maioria das vezes, o e-mail dele – passo 1), depois você usa o contato para criar um relacionamento com ele (passo 2) e só depois você faz a oferta (passo 3).

Agora, por que fazer isso foi um *game changer* tão grande?

Porque antes você pagava para trazer alguém para a sua oferta, e o processo de compra e venda acontecia mais ou menos assim:

– Quer comprar?
– Não.
– Então, tchau.

Só que isso não trazia um bom retorno, então era preciso fazer a oferta novamente (e, pior: pagar para anunciá-la novamente), mostrar para o cliente novamente, para acontecer mais ou menos isso:

– Quer comprar?
– Não.
– Então, tchau.

Isso funciona muito bem para o cliente CSM (supermotivado), que já sabe que quer o seu produto e está procurando por ele. Esse tipo de cliente, geralmente, prefere que você faça a oferta direta. Mas isso não funciona para os clientes levemente motivados ou não motivados, que tendem a odiar esse tipo de estratégia.

Com o Marketing de 3 passos, você começa a relação com seus potenciais clientes com o pé direito, pois está dando algo de valor sem pedir dinheiro nenhum em troca.

O mais interessante disso tudo é que, com o Marketing de 3 passos, além de você aumentar suas conversões, você ainda cria um grande ativo no processo: uma lista de contatos de potenciais clientes ou, em outras palavras, uma audiência qualificada.

Agora, por que esse tipo de marketing funciona tão bem?

Para explicar melhor, preciso que você relembre os três tipos de clientes dos quais falei anteriormente neste livro:

→ Cliente supermotivado – CSM
→ Cliente levemente motivado – CLM
→ Cliente não motivado – CNM

Lembra também que eu contei para você que eu estimo que, para cada CSM, você tem potenciais 20 CLM e 50 CNM?

Então, quando você utiliza o Marketing de 3 passos e constrói uma lista de contatos (e-mails), tem a chance de conversar e atingir exatamente essas duas grandes fatias do mercado (CLM + CNM).

Isso acontece porque esses clientes não querem necessariamente comprar de você logo no primeiro contato, mas e quem sabe depois de consumir algum conteúdo gratuito e ver a sua real qualidade? Quem sabe depois de conhecer você um pouco melhor? Quem sabe depois que você resolver alguma objeção que eles tinham sobre o seu produto ou, até mesmo, sobre seu mercado?

Você só consegue isso, quando tem a possibilidade de se comunicar e conversar ativamente com essas pessoas.

Assim, quando elas decidirem comprar, adivinha de quem vão comprar? De uma pessoa em quem elas confiam, que as ajudou antes de mais nada (você, no caso), ou de algum desconhecido qualquer que só está tentando vender algo?

Eu vou dar um exemplo para que você entenda melhor como isso funciona.

Imagina que um homem entra num bar, vê uma mulher sentada no balcão e se interessa por ela. Se a primeira coisa que ele fizer for bater no ombro dela e perguntar se ela quer namorá-lo, a chance de ela dizer sim, estatisticamente, é mínima.

Uma maneira mais eficiente de ter mais sucesso com o pedido seria oferecer algo antes do convite (no caso, ele poderia começar uma conversa interessante, que permitisse pegar o telefone dela. Isso é o equivalente ao passo 1 do Marketing de 3 passos). Com o telefone dela em mãos, ele poderia marcar um ou mais encontros românticos (passo 2) e, somente depois de a relação estar mais aquecida, ele faria o convite (passo 3).

Faz sentido?

Se isso fez sentido para você, prepare-se, pois agora vamos aprender tudo sobre o maior ativo do seu negócio: a sua lista de contatos.

↳ **Um passo além**

No vídeo abaixo, eu mostro como faço o Marketing de 3 passos na prática.

www.ericorocha.com.br/marketing3p

"Já não faz sentido econômico enviar uma mensagem publicitária para muitos na esperança de convencer os poucos."

M. LAWRENCE LIGHT

anotações

COMO IMPLEMENTAR O MARKETING DE 3 PASSOS

(seja na criação de um negócio do zero ou em um negócio já existente)

1

o maior ativo do seu negócio: a sua lista de contatos

Para fazer o seu negócio entrar em campo utilizando o Marketing de 3 passos, você precisa criar uma ferramenta que é vital, essencial, indispensável para o seu negócio. Uma ferramenta que vai permitir não apenas que você venda o seu produto ou serviço para o seu público-alvo, mas que vai permitir também que você construa um relacionamento saudável com os seus atuais clientes ou com clientes em potencial.

Mas que ferramenta é essa, Erico?
É uma lista de contatos em forma de e-mails.

Eu sei que você pode estar surpreso por eu mencionar e-mails agora mas, acredite ou não, somando minhas redes sociais, eu tenho milhões de seguidores e, mesmo assim (e por isso eu posso afirmar com legitimidade), a lista de contatos mais importante para o meu negócio é a minha lista de e-mails.
E por que ela é mais importante?
Para começar, você precisa entender que existem dois tipos básicos de lista:

A lista da qual você não tem controle
Nesse tipo de lista, você até **consegue construir uma audiência de potenciais clientes, consegue se comunicar ativamente com eles, mas não tem controle total da distribuição da sua mensagem** nem do que ela pode conter. Nesse tipo, você não é dono da lista.

Exemplos:
→ Assinantes do seu canal no YouTube.
→ Fãs da sua página no Facebook.
→ Seguidores do seu Instagram.
→ Seguidores do seu Twitter.

Quando você posta algo novo no Facebook, a sua mensagem não é distribuída para todos os seus fãs, ela é distribuída somente para uma pequena parcela deles que o próprio Facebook controla. A mesma coisa acontece com o YouTube, o Instagram, o Twitter e outras grandes plataformas.

O controle da sua audiência está com eles e não com você. Inclusive, eles têm o poder até mesmo de tirar a sua audiência de você, caso achem necessário.

De novo: não me entenda mal. Não é por isso que você não deve construir a sua audiência nessas plataformas. Elas têm que fazer parte da sua estratégia de marketing, pois com certeza muita gente vai consumir seu conteúdo por lá e vai, até mesmo, conhecer você por lá. Mas, pelo fato de você não ter controle, eu recomendo que: ao mesmo tempo que você constrói sua audiência desse primeiro tipo, a lista da qual você não tem controle, você também construa sua lista do segundo tipo: a lista da qual você tem controle.

A lista da qual você tem controle
Desde o início do Marketing Digital até os dias de hoje, **a lista que mais garante controle**, que pertence completamente a você e que permite que você ganhe escala progressivamente, é a lista de e-mails.

Hoje em dia, se alguém me perguntar qual é o maior

Eu não sei a receita do sucesso, mas a receita do fracasso é tentar agradar todo mundo.

ativo do meu negócio, a minha resposta é muito simples e rápida: minha lista de e-mails. Dentro desse tipo de lista, existem dois subtipos que você precisa saber diferenciar:

A sua lista de *leads*

Leads são aqueles potenciais clientes, que têm interesse em ouvir o que você tem a dizer, que deram seus e-mails e permissão para você se comunicar com eles, mas ainda não compraram seu produto ou serviço. Essa lista é extremamente importante e é o que vai permitir que você ganhe escala, ou seja, que você cresça progressivamente.

A sua lista de clientes

Essa é a lista das pessoas que já compraram algo de você. Pela minha própria experiência, ela costuma valer dez vezes mais do que uma lista de *leads*. Ou seja, uma lista de 1 mil clientes seria o equivalente a uma lista de 10 mil *leads*.

Isso porque essas pessoas já deram para você um enorme voto de confiança: o dinheiro delas. E elas só deram esse voto de confiança porque você foi capaz de entregar um produto de qualidade para elas.

Um passo além

Quer aprender a fazer uma lista na prática? Veja no vídeo a seguir as ferramentas que usei para criar a minha lista. **www.ericorocha.com.br/lista**

COMO CONSTRUIR UMA LISTA
Não tente pegar atalhos

A sua lista pode ser o maior ativo do seu negócio, mas pode também ser o maior passivo. Tudo depende de uma coisa: como você a construiu.

No meu caso, cada endereço de e-mail da minha lista é de uma pessoa que aterrissou em uma página de inscrição minha (explico como funciona e como construir uma página dessas, mesmo que você não saiba nada de tecnologia, nos próximos capítulos), colocou o endereço de e-mail lá e me deu autorização para me comunicar com ela.

Muita gente, quando descobre o grande poder que uma lista tem, fica tentada a pegar, digamos, alguns atalhos.

Por que não comprar uma lista com 1 milhão de e-mails, subi-la para um serviço de e-mail, começar a disparar ofertas e quem abrir é lucro?

Infelizmente, existem dois problemas fundamentais nesse tipo de pensamento:

→ Como essas pessoas não deram autorização para você se comunicar com elas, quando elas começarem a receber e-mails seus, você vai ser literalmente aquele vendedor que só quer ficar importunando. Logo, você vai começar sujando o seu nome ou a sua marca. Ninguém gosta de *spam*!

→ A esmagadora maioria dos e-mails enviados hoje, infelizmente, são *spams*. Logo, os provedores de e-mails (Hotmail, Gmail, Yahoo etc.) são ultracriteriosos, e acabam penalizando contas inteiras, caso percebam que um servidor enviou um e-mail indesejado para seus usuários. Ou seja, um único e-mail indesejado faz com que ninguém da sua lista receba o seu e-mail, pois ele foi direcionado para a caixa de *spam* da sua lista.

Lembre-se sempre disso: **a grande sacada não está no tamanho da lista** (porque se fosse isso os *spammers* seriam os caras mais ricos da internet). **A sacada está em como a lista foi construída.**

COMO CONSTRUIR SUA AUDIÊNCIA ALVO

Eu costumo chamar **a persona que representa uma determinada audiência alvo de um negócio de avatar.**

O primeiro passo para você construir a sua lista é definir o seu o avatar porque, se você não tem em mente o tipo de pessoa que você quer atingir, você simplesmente não vai conseguir construir a sua lista.

Por exemplo, eu posso oferecer o melhor conteúdo sobre como construir um negócio digital do mundo, mas, se eu tentar oferecê-lo para alguém que quer passar em concurso público, eu vou fracassar miseravelmente, pois essa pessoa não é meu avatar.

Mas como você define seu avatar?

Definindo a demografia:

→ Qual o sexo?
→ Qual a faixa etária?

Por que isso é tão importante? Porque a linguagem que as mulheres usam costuma ser diferente da linguagem dos homens, e a linguagem de uma pessoa de vinte anos é completamente diferente da linguagem de uma pessoa de sessenta anos. Você precisa ter uma boa noção da faixa etária e do sexo do seu cliente ideal para poder se comunicar de forma correta com ele.

Definindo as necessidades:

→ Quais os sonhos dele?
→ Onde ele quer chegar?

Isso vai dar para você o poder de saber se o benefício que o seu produto oferece é realmente o que o seu avatar está buscando. Caso o seu produto ou serviço não ofereça o que o avatar está procurando, você tem um problema fundamental aí e vai precisar repensar ou o seu produto ou o seu avatar. Quando você sabe o que é importante para o seu avatar, a sua comunicação fica muito mais eficiente.

Quando eu comecei a ensinar Marketing Digital para criar negócios on-line, eu acreditava que a minha audiência desejava se tornar nômade digital, ou seja, ter liberdade para poder trabalhar de qualquer lugar do mundo. Logo, a minha comunicação sempre girava em torno de trabalhar de diferentes lugares do mundo.

Depois eu acabei descobrindo que, na verdade, o que maioria queria era usar essa liberdade para passar mais tempo com a família, em casa mesmo. **Quando eu soube disso, eu pude me conectar muito mais profundamente com a minha audiência** e, consequentemente, a minha mensagem passou a gerar muito mais conversões.

Definindo os pontos de dor:
→   Do que o seu cliente ideal tem medo?
→   O que o faz perder o sono?
→   O que de pior ele acha que pode acontecer com ele?
→   O que ele acredita que vai solucionar o problema dele?
→   Quais as maiores dores que ele tem?

Esse é provavelmente o passo mais importante de todos, porque entender os pontos de dor de uma pessoa é o que mais tem o potencial de gerar conexão.

A primeira coisa que a pessoa vai se perguntar para decidir se pode confiar em você ou não é se você realmente entende os problemas dela.

Agora, você notou uma das perguntinhas ali de cima? A que tenta identificar o que o seu cliente acredita que vai solucionar o problema dele? Nessa parte muita gente se confunde, porque o que o seu avatar acredita que vai solucionar o problema dele não necessariamente é o que efetivamente vai solucionar.

Por exemplo: se você está lendo este livro, você foi atraído para cá ou porque você queria aprender a usar a internet para vender mais ou porque você queria criar um negócio digital 100% do zero.

Em nenhum momento eu usei a chamada: "Baixe o meu livro e aprenda a fazer marketing direto". Por mais que eu saiba, depois de ter ajudado milhares de pessoas, que o que você precisa para vender mais é fazer marketing direto bem feito, não foi isso o que eu ofereci de cara, porque não era isso o que você estava buscando.

Outro bom exemplo é o do meu vídeo que mais alcançou pessoas. Sabe qual era o título dele? "Assista antes de abaixar o preço". E por que ele deu tão certo? Porque eu sei que uma das maiores dores da minha audiência é ter que abaixar o preço para vender mais.

Definindo a concorrência:

→   Quais anúncios o seu avatar está vendo?

Uma parte importante na hora de definir o avatar é checar se existe concorrência por esse avatar dentro do seu nicho e, se sim, quais são os anúncios que o seu avatar está vendo.

Sabe como você pode descobrir isso? É fácil. Vá até o Google e digite os termos de busca que o seu avatar digitaria e veja os anúncios que aparecem.

Por exemplo, se você quiser vender um produto que ensina as pessoas a treinar cachorro, digite no Google "como treinar um cachorro" e veja quais são os anúncios que aparecem para você.

Comece a fazer isso diariamente e veja por quanto tempo um determinado produto ou serviço está sendo anunciado lá. Mas por que eu devo fazer isso? Porque anunciar custa dinheiro. Logo, se um mesmo anúncio dentro do seu nicho está sendo exibido há muito tempo, **significa que as pessoas que estão anunciando**

estão tendo retorno (caso contrário a pessoa pararia de anunciar).

Com isso, você vai começar a conhecer o que o seu avatar costuma comprar além do seu produto, ou seja, você vai conhecer a sua concorrência.

Outra coisa que você pode fazer é ir no Facebook e curtir as coisas que o seu avatar curtiria, para ver os tipos de anúncios que aparecem para você. Isso é possível porque no Facebook você pode anunciar para um determinado público baseado nos interesses e páginas curtidas. Logo, isso também vai dar uma boa ideia do que ele costuma comprar.

Definindo objeções:

→ Quais são as barreiras que impedem que o seu avatar compre o seu produto?

A última coisa que você vai definir são as objeções que o seu avatar pode ter em relação ao seu produto.
Para isso, você já precisa ter um produto ou serviço e precisa tê-lo vendido.

Isso é extremamente importante porque, uma vez que você souber quais são as objeções do seu produto, você vai **dedicar a sua mensagem de marketing para simplesmente assassinar cada uma delas.**

Por exemplo, uma das maiores objeções que eu sei que a minha audiência tem é a de que os resultados que eu mostro são muito bons para serem verdade. Por isso, sempre que possível, eu mostro estudos de casos de pessoas que atingiram esses resultados.

Agora, como colher todas as informações para cumprir os 5 passos apresentados? O fato é que eu ainda não descobri nada melhor para conhecer a minha audiência e clientes do que perguntar a eles.

Por isso, se você já tem um negócio, com clientes e audiência, é super simples. Faça uma pesquisa (pode ser no Google Forms) fazendo exatamente essas perguntas para seus clientes e para a sua audiência. Você também pode usar o Klickpages que, além de colher os dados que você deseja, ainda permite fazer segmentações a partir dos resultados obtidos.

Caso você consiga, procure também ligar para alguns clientes e pergunte tudo isso num bate-papo com eles. Eu costumo fazer isso de tempos em tempos e, por mais que eu ache que conheça meu avatar, em cada papo eu **sempre descubro algo novo.**

Uma boa forma também é fazer essa pesquisa com todo novo cliente seu, assim que ele comprar o seu produto ou serviço.

Mas e se você ainda está começando e não tem clientes nem audiência?

Nesse caso, a primeira coisa que você vai ter que fazer é um *educated guess* de quem é o seu avatar. Mas o que é isso, Erico? *Educated guess* nada mais é do que uma suposição embasada, ou seja, você vai precisar pesquisar quais são as páginas que o seu possível avatar curte, quais blogs ele lê, de quais fóruns ele participa, e assim por diante.

Uma vez que você tiver isso mapeado, procure observar os comentários dentro dessas mídias, pois isso já dá uma ótima direção de como é o seu avatar.

Inclusive, é bem possível que em determinados fóruns e grupos fechados você até consiga fazer as perguntas dos 5 passos apresentados diretamente aos participantes.

Agora, mesmo que você já tenha o seu avatar, seja ele fruto da sua pesquisa com seus clientes ou seja ele fruto de um *educated guess*, você precisa se lembrar da seguinte mensagem:

"O avatar é um ser vivo, que muda e evolui o tempo todo".

Por isso, independentemente de você já ter um negócio ou estar criando um novo negócio agora, **você precisa constantemente revalidar o seu avatar.**

Por exemplo, quando eu comecei o meu negócio de ensino de Marketing Digital, o meu avatar era majoritariamente masculino, ou seja, os homens representavam cerca de 70% do meu público-alvo. No momento em que escrevo este livro, porém, e para o meu grande orgulho, as mulheres representam mais de 40% da minha audiência.

Todo mercado muda e evolui e é o seu dever estar a par das pessoas que você quer atingir/que você está atingindo com a sua mensagem.

E, por fim, saiba que **é perfeitamente normal ter mais de um avatar.** Nesse caso, você deve repetir os 5 passos que você aprendeu aqui para definir cada um deles. Isso vai permitir que você customize o seu relacionamento para poder conversar da melhor forma com cada um deles.

Só tenha cuidado para não ter avatares demais, pois customizar uma mesma mensagem de dez maneiras diferentes pode tornar seu marketing muito complexo e pode, inclusive, impedir que você comece a agir. Nesse caso, procure agrupar seus avatares.

Por exemplo, na minha pesquisa inicial, eu descobri que tenho seis avatares, mas para simplificar a minha estratégia eu agrupei esses avatares em dois grandes grupos:

→ Empreendedores que já têm um negócio e querem vender mais.
→ Aspirantes a empreendedores que querem empreender, mas ainda não criaram o seu negócio.

Isso me permitiu organizar a informação deste livro de tal forma que eu consigo promover uma real diferença nos negócios desses dois tipos de avatar.

2

o segredo do marketing de 3 passos: a recompensa

Lembra que lá na primeira parte do livro eu contei para você que a grande sacada do Marketing de 3 passos é **entregar algo de valor para o cliente, sem que ele tenha que pagar nada por isso**?

Então, esse "algo de valor" vai ser chamado, a partir de agora, de **recompensa incrível (RI)**. A RI é aquilo que você vai oferecer para o seu potencial cliente em troca do e-mail dele.

COMO CRIAR SUA RECOMPENSA

Para construir sua recompensa, é indispensável que você já saiba quem é seu avatar. Somente conhecendo exatamente o seu público-alvo é que você vai poder gerar um conteúdo de qualidade para oferecer a ele, como recompensa, por ele ter dado o e-mail para você.

O maior objetivo da sua recompensa é fazer com que o seu avatar olhe para ela e pense: "Caramba, se esse conteúdo gratuito tem esse nível de qualidade, imagina o pago!".

Isso só vai acontecer se a sua recompensa for algo que **verdadeiramente faça a diferença na vida da sua audiência**, ou seja, que permita que ela:

"Necessário é, logo, que haja prêmios para que haja soldados."

ANTÔNIO VIEIRA

→ Resolva problemas (dor).

→ Economize tempo.

→ Dê um passo a mais em direção a um objetivo ou sonho.

→ Receba o diagnóstico de um problema ou condição. ·

Está vendo só a importância de você conhecer o seu avatar?

FORMATOS DE RECOMPENSA

Você pode entregar a sua recompensa de diversas formas diferentes. As que mais deram resultado para os meus negócios, foram:

→ Em vídeo.

→ Em uma sessão com vários vídeos.

→ Em um webinário.

→ Em um e-book.

Seja qual for o formato que você escolher para a sua recompensa, pode ter certeza: se você se dedicar e criar uma recompensa realmente incrível, você vai criar autoridade, confiança e relacionamento com a sua audiência.

Agora, **a recompensa tem outra grande função** na sua estratégia de criação de lista de e-mails: **segmentar as pessoas certas.**

Muita gente acha que a segmentação da sua audiência acontece somente nos públicos para os quais você escolhe anunciar, mas a recompensa tem um papel essencial nisso.

Este livro, por exemplo, faz muito isso. Uma pessoa que está estudando para concurso público não vai ter interesse em baixar este livro, afinal o que ela está buscando é algo completamente diferente.

A sacada aqui é perceber que, ao "excluir" o concurseiro da minha lista, isso também é ótimo para mim, afinal eu estou aqui para ajudar quem quer empreender mostrando um caminho que já deu certo para mim e para outras milhares de pessoas. Criar uma recompensa que não segmenta as pessoas certas vai fazer com que você tenha uma lista no futuro que não vai gerar os resultados esperados.

Então, procure ver que dores ou problemas do seu avatar você pode resolver de graça e crie uma recompensa para isso.

↳ **Um passo além**

Aqui, vou dar dicas extras que me ajudaram a criar minhas recompensas.

www.ericorocha.com.br/recompensas

Para construir
sua recompensa,
é indispensável
que você já
saiba quem é o
seu avatar.

3

conquiste autoridade e credibilidade com sua página institucional

Pensa aqui comigo o seguinte: você está começando a construir sua lista. As pessoas acessam sua página e baixam sua recompensa, mas pouca gente ou, quiçá, ninguém ainda conhece você muito bem. O que boa parte delas vai fazer depois? Procurar na internet para saber quem é você.

Se você não tiver como contar para essas pessoas quem você é e o que você faz, muito provavelmente elas vão tentar deduzir.

O problema disso é que, quando uma pessoa deduz quem você é, ela pode pensar algo que é certo, mas também pode pensar algo que não é tão certo assim.

Por isso, **ninguém melhor do que você para falar sobre você mesmo.**

Uma boa maneira de fazer isso é criando uma Página Institucional.

"Mas, Erico, eu não sou uma empresa!". Não tem problema. A Página Institucional é só um jeito de chamar a página que explica quem você é e o que você faz (caso o seu negócio seja uma empresa, você pode usar a mesma estratégia que vou contar a seguir).

Quando você tem uma Página Institucional, isso ajuda a criar autoridade e credibilidade para você, sabe por quê?

Porque quando um potencial cliente descobrir o produto e quiser saber mais sobre quem está oferecendo o produto (ou seja, sobre você ou sobre a sua empresa), ele vai encontrar todas as informações direto no seu site, sem ter que buscar informações fora do seu ambiente de negócios.

Quando seu cliente busca informações fora, você não tem controle do tipo de informação que ele encontra. Por isso, o melhor a fazer é ter uma página em que você mesmo possa contar para ele quem você é.

Sua Página Institucional também vai mostrar para o seu cliente que o seu produto foi desenvolvido por alguém que sabe o que está fazendo. **Isso vai fazer com que o seu cliente confie mais no que você está falando e nos resultados que você apresenta.** O importante é que essa página contenha:

1 Quem você é.

2 O que você faz.

3 Depoimentos – Depoimentos ajudam a reforçar a sua credibilidade. Quando você coloca um depoimento, você valida os resultados que entrega.

4 Amostras de conteúdo – Aqui, já pode entrar um link para a sua recompensa, por exemplo, ou amostras de vídeos no YouTube etc.

"Demais, Erico! Mas eu não faço a menor ideia de como construir uma página na internet. Não manjo nada disso!". Fique tranquilo. No próximo passo, eu conto como você pode fazer isso de um jeito fácil, fácil!

↳ **Um passo além**
Veja, nessa aula, como criar uma página institucional, na prática, mesmo sem ter conhecimento técnico.
www.ericorocha.com.br/institucional

ERICOROCHA.com   SOBRE   VÍDEOS   FÓRMULA DE LANÇAMENTO   BLOG   TRABALHE CONOSCO

#empreender
transforma

erico rocha
- como usar a internet para alavancar suas vendas ou criar um negócio digital do zero

Este guia definitivo reúne a base de todas as minhas estratégias de marketing para alavancar vendas ou criar um negócio digital do zero.

DIGITE SEU E-MAIL E BAIXE O SEU GUIA GRATUITAMENTE

Digite seu melhor e-mail   BAIXAR

CONHEÇA O ERICO

Erico Rocha é, segundo a InfoMoney, o principal especialista de Marketing Digital para pequenos negócios online do Brasil. Seu canal de YouTube é indiscutivelmente um dos maiores canais focados em Empreendedorismo Digital do país em número de assinantes e suas postagens são vistas por milhões de pessoas segundo o Facebook a cada semana. Erico ama Empreendedorismo e acredita que tem a força necessária para mudar o Brasil.

O QUE A MÍDIA ESTÁ FALANDO

InfoMoney   MAN IN THE ARENA   FOLHA DE S.PAULO   EXAME.com

SIGA O ERICO NO FACEBOOK
E receba grátis sacadas de empreendedorismo digital

Curtir Compartilhar   1,4 M pessoas curtiram isso.

SACADAS DE EMPREENDEDORISMO DIGITAL

INSCREVA-SE NO CANAL DO ERICO **PARA RECEBER MAIS DICAS COMO ESTAS**

Erico Rocha

YouTube 333K

4
página de inscrição, a sala de estar da sua estratégia

Avatar definido, recompensa criada. Você já avançou bastante na estruturação do seu negócio e está muito perto de conseguir os resultados que tanto deseja.

Agora imagine a seguinte cena: você vai receber uma pessoa importante em casa para um jantar. Para isso, você cuidou de todos os detalhes: escolheu a comida perfeita, uma bebida legal para acompanhar, uma sobremesa deliciosa. Tudo está impecável. Mas nada disso adianta, se ela chegar em sua casa e ela estiver suja, certo?

Para não levar por água abaixo o esforço que você teve até aqui, dê uma atenção especial naquilo que vai ser a sala de estar da sua estratégia: a sua Página de Inscrição.

COMO CRIAR SUA PÁGINA DE INSCRIÇÃO

Essa página vai ser a **porta de entrada para a construção da sua lista.** Logo, ela tem um objetivo e somente um: fazer a pessoa colocar o melhor endereço de e-mail dela em troca da sua recompensa.

Mas, e se você não sabe nada de internet? Como vai colocar uma página dessas no ar?

Há alguns anos, isso seria um problema e eu

provavelmente aconselharia que você contratasse um especialista que fizesse isso por você.

Mas, hoje em dia, existem ferramentas que fazem isso automaticamente por você, basta você ir clicando e arrastando os elementos para fazer a sua página perfeita. Essa ferramenta também serve para fazer a sua Página Institucional, então, você pode resolver tudo o que você precisa com apenas uma ferramenta! Assim, você não tem necessidade nenhuma de contratar ninguém, nem nenhum outro serviço, como servidores de hospedagem de página.

Hoje, o que eu e a minha equipe usamos é o Klickpages. E o mais engraçado é que, apesar de ter uma equipe de desenvolvedores em minha empresa, minha equipe de marketing e eu só usamos o Klickpages.

"Mas Erico, por que isso?" Porque dessa forma nós temos muito mais agilidade e autonomia para fazer nossas páginas.

No entanto, independentemente do que você escolha usar, eu vou colocar um modelo de como eu faço minhas páginas de inscrição, a seguir.

"As conversas entre os consumidores do seu nicho acontecem, quer você queira ou não. O bom marketing direciona estas conversas para a direção correta."

SETH GODIN

A grande chamada – Essa chamada
pode variar dependendo do que você
esteja promovendo

Formulário em evidência para a pessoa se
inscrever para assistir ao seu lançamento

Os benefícios que a pessoa vai ter ao
assistir ao seu lançamento

Testemunhos de pessoas que foram
transformadas pelo seu produto ou
pelo seu lançamento, do qual falaremos
em breve

Uma descrição sobre quem vai
apresentar a aula on-line. Essa descrição
deve usar e abusar do gatilho mental da
autoridade

Um FAQ sobre o seu lançamento e
sobre o seu produto

As vagas para o Fórmula de Lançamento estão esgotadas!

Se cadastre abaixo para entrar para a lista de espera. Você será avisado quando abrir a próxima turma

QUERO ENTRAR NA LISTA DE ESPERA

🔒 Suas informações estão seguras.

Produtos e Treinamentos

Fórmula de Lançamento

A Fórmula de Lançamento é uma metodologia de Lançamentos de Produtos e/ou Serviços através da Internet. Ela é ensinada pelo Erico Rocha através de um treinamento online para uma ou duas turmas de alunos por ano. Os resultados da aplicação dessa metodologia variam dependendo do empreendedor que aplica e o negócio específico em que é aplicado. O investimento para fazer parte de uma turma do Fórmula de Lançamento varia de 5 a 6 mil reais.
Exemplos de resultados de alunos assim como a data da próxima turma podem ser conferidos clicando no botão abaixo...

MAIS SOBRE A FÓRMULA DE LANÇAMENTO...

50 CASES DO FÓRMULA DE LANÇAMENTO

"Desenhista mostra como a FL transformou sua escola de desenhos"
▶ Assistir ao vídeo

"Professor de Inglês faz história e bate todos os recordes de Lançamentos Digitais no Brasil."
▶ Assistir ao vídeo

"Comediante conta como usou a FL para estimar criatividade"
▶ Assistir ao vídeo

"Terapeuta Ocupacional fala como a FL a ajudou a crescer durante a crise."
▶ Assistir ao vídeo

"Coach fala dos resultados que teve ao aplicar a Fórmula no seu negócio..."
▶ Assistir ao vídeo

"Artesã conta como ampliou os resultados do seu negócio com a FL"
▶ Assistir ao vídeo

"Fabricante de Tapetes fala dos resultados da aplicação da FL em seu negócio"
▶ Assistir ao vídeo

"Dono de eCommerce aplica a FL para vender mais Cachaça..."
▶ Assistir ao vídeo

QUERO ENTRAR PARA A LISTA DE ESPERA

UM POUCO MAIS SOBRE O ORGANIZADOR DO EVENTO...

Erico Rocha é, segundo a InfoMoney, o principal especialista de Marketing Digital para pequenos negócios online do Brasil. Seu canal de YouTube é indiscutivelmente um dos maiores canais focados em Empreendedorismo Digital do país e o número de assinantes e suas postagens alcançam milhões de pessoas segundo o Facebook a cada semana. Erico ama Empreendedorismo e acredita que esse tem a força necessária para mudar o Brasil.

F.A.Q - PERGUNTAS FREQUENTES

O que é o Fórmula de Lançamento? +

Qual é a diferença entre a Fórmula de Lançamento e o Workshop? +

Quais são os principais resultados de um lançamento para seus participantes? +

Como posso entender o funcionamento dessa metodologia? +

Para que tipo de público o Fórmula de Lançamento tem funcionado? +

Para quem o Fórmula de Lançamento (FL) não é indicado? +

COMO ESCOLHER O SEU SERVIÇO DE AUTORRESPONDER

Junto da sua página de inscrição você vai precisar escolher um serviço de *autorresponder*. Mas o que é isso? *Autorresponder* é **o sistema que vai armazenar a sua lista de e-mails e permitir que você faça segmentações** (clientes, assinantes de newsletters, pessoas que baixaram sua recompensa etc.), além de permitir que você envie e-mails para seus contatos e configure mensagens automáticas (ex. mensagem de boas-vindas toda vez que alguém entra na sua lista).

Fique de olho para escolher um serviço que tenha a melhor taxa de entrega. E como você pode saber se o serviço tem uma boa taxa de entrega? Bem, você não tem como saber isso de cara, pois não é um número exato. A taxa de entrega depende de muitas coisas. No entanto, existem algumas boas práticas que ajudam a determinar a taxa de entrega. Uma delas é checar se o serviço oferece sistema de dupla confirmação de e-mails e se permite ou não a importação de contatos.

COMO GERAR TRÁFEGO PARA SUA PÁGINA DE INSCRIÇÃO

No começo deste livro, eu falei para você que todo negócio, seja ele grande ou pequeno, sempre está em busca de mais clientes. E como você faz para atrair clientes, quando o seu negócio é on-line?

Você pode comprar tráfego. Mas, Erico, o que é comprar tráfego? É você trazer as pessoas para o seu negócio (de preferência para a sua Página de Inscrição), por meio de anúncios pagos em plataformas como Google e Facebook, entre outras.

A grande sacada aqui é entender como funciona esse universo e qual é a melhor forma de usar essas ferramentas a seu favor. Para começar:

Defina uma verba de guerra

Verba de guerra é um dinheiro que você separa exclusivamente para anúncios. Mas é importante você entender que: esse investimento, nesse primeiro momento, pode ou não retornar para você como lucro. A verba de guerra é, então, um dinheiro inicial para você ir testando os melhores anúncios, para você poder conhecer a melhor forma de atrair tráfego sem comprometer o seu negócio como um todo. Erico, e qual é o valor que eu devo separar para a Verba de Guerra? Depende. Para alguns é R$ 10, para outros é R$ 100, para outros é R$ 1 mil. Só você vai poder estabelecer esse valor.

Defina uma meta

Essa meta é o valor máximo que você deseja pagar por conversão, ou seja, por cada pessoa que se tornar sua *lead* ou cliente.

Crie mais de um anúncio

Isso vai permitir que você não apenas foque em diferentes avatares (caso você tenha mais de um), mas também que você compare e descubra qual anúncio é melhor para o seu negócio. E o que significa ter um anúncio bom? Um anúncio bom é aquele que entrega para você a maior quantidade de conversões, com a maior qualidade, pelo menor preço.

Calma! Vou explicar tudo direitinho aqui.

Vamos supor que você tem uma macieira. Essa macieira está cheia de maçãs. Porém, nem todas as maçãs estão em boa qualidade. Se eu falar para você: vá até a macieira e pegue duas maçãs, você certamente vai voltar com as melhores, afinal existiam muitas disponíveis para você escolher.

Porém, se eu falasse para você: vá até a macieira e pegue a maior quantidade de maçãs que você conseguir, certamente você traria tanto as maçãs boas como as não tão boas.

Quando a gente fala de anúncios em mídias digitais é mais ou menos isso o que acontece. As plataformas digitais, tal como Google e Facebook, conhecem os usuários e, por isso, conseguem oferecer diversas segmentações de mercado. Quando você cria o seu anúncio, você informa para eles qual segmentação você quer (seja por perfil ou por palavras-chave). Feito isso, tanto o Google quanto o Facebook vão escolher mostrar o seu anúncio sempre primeiro para as pessoas que mais têm afinidade com ele. Ou seja, eles vão trazer as melhores maçãs.

No entanto, isso tem um certo limite. Vamos colocar da seguinte forma: você definiu que a sua meta é de, no máximo, R$ 1 por *lead*. E você, então, coloca 3 anúncios no ar. Partindo dessa ideia, você pode encontrar três tipos de resultados:

Preço por *leads* menor que a meta

Vamos supor que, no nosso exemplo, o retorno foi de 1 *lead* por R$ 0,50.

Tenha bastante cuidado ao trabalhar com esse tipo de resultado. Sabe por quê? É provável que você pense o seguinte: bem, se eu consegui um *lead* por um valor menor do que a minha meta, eu vou colocar toda a minha verba de investimento aqui para trazer ainda mais *leads* com custo inferior. Na prática, não é isso que acontece, sabe por quê? É como se a plataforma falasse para você o seguinte: olha, tem tanta maçã aqui que, com o dinheiro que você investiu, eu peguei não só as boas como as não tão boas também. Ou seja, isso faz com que a qualidade dos *leads* caia. E você não quer isso, certo? Por isso, a melhor maneira é ir aumentando gradativamente o investimento até que o anúncio retorne 1 *lead* pelo valor que você definiu na meta.

Preço por *lead* igual à meta

No nosso exemplo, essa é a campanha que retornou 1 *lead* por R$ 1.

Esse é o caso ideal. Aqui, você não precisa mexer na campanha, basta apenas monitorá-la, pois o público da

→ DICA DE EXPERT

AS BOAS PRÁTICAS DA TAXA DE ENTREGA

A dupla confirmação garante que, na sua lista, vão entrar somente as pessoas que realmente optaram por receber seus e-mails. O mesmo não acontece com a importação de listas. Se o sistema que você escolher permitir a importação, ele não tem como garantir que esses e-mails são todos de pessoas que efetivamente optaram por receber seus e-mails.

Tudo isso para dizer que, se uma pessoa não quiser receber seu e-mail, mas, por algum acaso, acabar recebendo, existe grande chance de ela colocar você no *spam*, e nós não queremos isso, certo?

Marketing é a arte de atrair (com integridade) o cliente certo à oferta certa.

internet está em constante transformação e isso pode afetar os seus resultados. Vou explicar melhor isso mais adiante, fique de olho na **Dica de Expert** para saber mais!

Preço por *lead* maior que a meta

No nosso exemplo, vamos supor que esse anúncio retornou 1 *lead* por R$ 2.

Aqui, a lógica muda um pouco em relação ao primeiro caso. É como se o Google ou o Facebook falassem para você o seguinte: olha, estou tendo muito trabalho para encontrar boas maçãs nesta macieira. Por isso, o seu custo por clique ficou acima da sua meta. E o que você faz nesse caso, você mata a campanha? De jeito nenhum!
Você pode ir diminuindo o investimento inicial até que o anúncio retorne para você 1 *lead* pelo valor da sua meta.

→ DICA DE EXPERT

1, 2, 3, TESTANDO!

Seja qual for a ferramenta que você escolha usar, fique atento a um detalhe: algumas ferramentas, como o Klickpages, oferecem a possibilidade de fazer testes A/B.

Testes A/B? Como assim?

Por exemplo: você quer saber se a sua Página de Inscrição converte mais com o título A ou com o título B. Através do Klickpages, você consegue fazer esse teste e saber qual é a melhor opção para o seu negócio.

Isso é uma oportunidade incrível, sabe por quê? Porque testes em geral ajudam a melhorar a conversão em cerca de 30%!

→ Aqui, você pode ver como implementar um teste utilizando o Klickpages.
   http://bit.ly/2vGyqNl

→ **Um passo além**

→ Como fazer uma página de inscrição na prática? Assista ao vídeo e faça a sua imediatamente
   www.ericorocha.com.br/inscricao

O PÚBLICO MUDA O TEMPO TODO

O trabalho de compra de tráfego é um trabalho diário. Não dá para publicar um anúncio e esquecer dele ali e só ir colocando dinheiro nele, por tempo indeterminado. Sabe por quê? Vamos supor que o seu produto tem como avatar pessoas solteiras. De um dia para o outro, essas pessoas podem casar e, então, elas deixam de ser o seu público-alvo. Logo, seu anúncio deixa de fazer sentido e deixa de converter. Por isso, acompanhe seus anúncios todos os dias!

5

quer aumentar a qualidade da sua lista? ofereça conteúdo!

Construir sua lista é um grande passo, mas sua lista é tão boa quanto maior for o número de pessoas que abrem e clicam nos seus e-mails. Quando uma lista gera altas taxas de aberturas e cliques nós dizemos que ela está aquecida.

E quem abre e clica nos e-mails que você envia são **pessoas**. Logo, tão importante quanto ter o contato delas é você ter um relacionamento com elas. Se você fez um trabalho bem feito, você começou o relacionamento com essas pessoas com o pé direito, pois entregou uma enorme quantidade de valor na recompensa que disponibilizou.

Mas relacionamento é algo contínuo, ou seja, quanto mais valor você provê para sua lista, maior será o seu relacionamento com ela. E como prover valor? **Gerando a maior quantidade de conteúdo com a maior qualidade que você conseguir.** Colocar conteúdo na sua estratégia tem dois grandes benefícios para você:

→ Você aumenta cada vez mais o relacionamento com a sua lista. Logo, quando chegar a hora de fazer uma venda, as pessoas vão estar muito mais propensas a comprar de você, afinal, confiam e veem você como uma autoridade.

→ Você, de quebra, melhora o seu *branding* sem precisar gastar milhões para isso. Afinal, quanto mais conteúdo de qualidade as pessoas consomem de você, mais elas lembrarão de você!

A maior sacada da produção de conteúdo para relacionamento que eu conheço se resume em uma palavra: consistência. Você não precisa começar grande, você pode começar pequeno sem problema nenhum, mas desde o começo você precisa ser consistente.

Ou seja, não adianta você produzir e publicar 2 vídeos em um dia, 3 artigos no dia seguinte e passar 2 meses sem publicar mais nada.

Quando eu comecei a publicar conteúdos, eu produzia dois vídeos por semana, toda semana! Com o passar do tempo, eu passei a publicar todo dia. Hoje em dia, eu publico vários conteúdos por dia.

Logo: comece pequeno, mas seja consistente!

As pessoas não estão buscando o seu produto, elas estão buscando a solução que o seu produto oferece.

6

o segredo da caixa preta

Este é o capítulo em que eu vou mostrar o que você provavelmente pensava que precisava.

Eu vou mostrar as estratégias que já foram utilizadas para gerar dezenas de milhões de reais em vendas para os meus negócios e para os negócios dos meus clientes.

Mas por que eu não ensinei isso logo de cara neste livro para você?

Porque o que eu vou mostrar aqui não vai gerar tanto resultado, se você não tiver:

- → Uma lista.
- → Um relacionamento com sua lista.

Agora, chegou a hora de aprender a transformar essas pessoas em clientes. Ao longo desses anos, eu investi, literalmente, milhões de reais testando diferentes estratégias de conversão. Eu descobri muita coisa boa e muita coisa ruim no processo. Mas nada chegou nem perto de dar tanto resultado quanto estas duas estratégias.

A OFERTA IRRESISTÍVEL

A primeira maneira é construir e apresentar o que eu chamei de **OFERTA IRRESISTÍVEL**.

Um grande problema que as pessoas enfrentam na hora de vender é parecer que estão querendo enfiar o produto ou o serviço goela abaixo do cliente. É ou não é verdade?

Você, como consumidor, já deve ter se sentido assim mais de uma vez. Isso acontece porque quem está fazendo a oferta faz do jeito errado ou não faz tão bem quanto poderia. **Existe um erro muito comum que as pessoas cometem quando fazem uma oferta** e eu vou contar já já qual é esse erro.

Agora, eu quero fazer uma pergunta: quando você estiver no papel de quem vende, não vai querer que o seu cliente sinta que está sendo obrigado a comprar, certo? Você também não quer se sentir inconveniente, não é mesmo?

E se eu dissesse que existe uma forma de fazer uma oferta, que não só vai evitar essa situação, como também **vai fazer com que o desejo da pessoa de comprar de você seja até maior que a sua vontade de vender**?

Imagine que você está em uma sala de auditório e uma pessoa apresenta para você a oferta de trocar uma nota de R$ 10 dela por uma nota de R$ 10 sua. Você faria algum esforço para fazer essa troca? Ela é atrativa para você? Eu penso que não. Afinal, que valor teria essa troca? No final das contas, você continuaria tendo R$ 10, certo?

Agora, pense na segunda situação. A mesma pessoa propõe que você troque os seus mesmos R$ 10 por R$ 100 dela. Eu, pelo menos, iria querer na hora, e imagino que você também! Afinal, nesse caso, o que ela está oferecendo, os R$ 100, tem um valor dez vezes maior do que o que você daria em troca, ou seja, os seus R$ 10. Logo, **ela fez uma oferta irresistível**.

Neste capítulo, eu vou ensinar qual é a estratégia por trás de uma oferta irresistível e como você pode criar uma. Eu vou explicar como é que você faz com que o seu produto ou serviço tenha um valor percebido de R$ 100 sem que você tenha que gastar R$ 100 para produzi-lo. Ou seja, como você faz para aumentar o valor percebido dele.

O melhor de tudo é que a oferta irresistível não tem criatividade envolvida. Claro que criatividade ajuda, sim, mas não é essencial. Ela é uma receita e, aqui, eu vou mostrar o passo a passo e todos os ingredientes necessários para essa receita dar certo para você.

Ah, antes que eu me esqueça, vou falar qual é o erro que a maioria das pessoas comete na hora de fazer uma oferta: **o seu produto não é a sua oferta.** Ele é parte dela, mas não é a oferta em si.

Quando alguém chega para mim e fala: "Erico, promove minha oferta para a sua lista?". E aí, quando eu pergunto para a pessoa qual é a oferta, ela me fala sobre o produto dela. Daí eu já deduzo que a pessoa não sabe fazer uma oferta irresistível.

E como eu lido com a minha lista, eu não vou fazer uma oferta para ela a não ser que eu tenha certeza de que a oferta vá entregar excelente valor e ser irresistível, certo?

Então, agora, eu vou começar a destrinchar a oferta irresistível e você vai entender em que momento o seu produto entra e quais são os outros ingredientes necessários. Vamos lá?

Ingrediente #1: Super-promessa

Para você atrair o cliente para sua oferta, você precisa **captar a atenção da pessoa.** Para isso, você deve começar criando um nome para a sua oferta.

Nem sempre você vai descobrir um bom nome logo de cara, mas procure não se prender muito nisso para não acabar passando meses tentando escolher um.

Faça uma lista com várias opções, dentro de um prazo determinado, e escolha a melhor opção que você conseguiu pensar dentro daquele prazo.

Depois do nome, você precisa definir qual é a sua super-promessa.

A super-promessa é o que vai atrair a atenção do seu prospecto para a sua oferta, vai fazer com que ele tenha vontade de saber mais sobre o que você está falando. E como você pode atrair a atenção de alguém? Bom, existem basicamente dois tipos de gancho:

→ O que apela para o desejo da pessoa.
→ O que usa da controvérsia para incitar a curiosidade.

No primeiro caso, um exemplo poderia ser: "crie um negócio digital, totalmente do zero, que você possa tocar de qualquer lugar do planeta com uma boa conexão de internet".

Quem não se interessa por esse tipo de coisa? As pessoas desejam isso.

Então, apelar para o desejo de uma pessoa faz com que ela queira descobrir como alcançar a sua promessa e aí, **BOOM**: você tem a atenção dela.

No segundo tipo, um exemplo seria: "veja por que tentar construir a sua marca pode acabar com seu negócio" ou "pode levar você à falência".

Essas são mensagens polêmicas, geram controvérsia.

Geralmente, nesse segundo tipo, você vai dizer alguma coisa que é contra o senso comum. Afinal, todo mundo acha que tem que construir uma marca, que ela é o maior ativo do negócio.

Aí, quando você chega e fala: "veja por que tentar construir uma marca pode levar você à falência", isso é contra o senso comum e faz a pessoa ficar curiosa e pensar: "ué, como assim?"

E aí o que ela faz? Abre a mensagem para ver o que você tem a dizer.

Quer ver um exemplo real?

Certa vez eu vi uma entrevista do Mike Geary, autor do blog *Truth About Six Pack Abs*, em que ele fala assim: "o post que teve a maior quantidade de acessos e de comentários na minha página foi o que eu escrevi: por que comer ovo com a gema é muito melhor que comer só a clara?".

Por que você acha que esse post teve tantos acessos? Porque quem está buscando ficar mais forte, ou secar a barriga, acredita no senso comum de que é melhor comer apenas a clara e não a gema.

Quando ele afirma que comer a gema traz mais benefícios, isso gera polêmica, controvérsia, e capta a atenção das pessoas.

Em contrapartida, ele falou que fez um post sobre os benefícios do brócolis e teve pouquíssimos acessos.

Por quê? Porque a frase "os benefícios do brócolis" não chama a atenção de ninguém. Todo mundo pensa: "ah, eu sei que brócolis é bom pra saúde, então para que eu vou ler?"

Atenção: **se você colocar uma mensagem óbvia, ninguém vai se interessar em ler.**

Outra dica boa é usar no título do e-mail a frase: "Má notícia". Isso faz muita gente abrir o e-mail, sério! Muita gente mesmo! Gera mais abertura do que usar "Boa notícia", porque brinca com a curiosidade das pessoas. Testa aí e me conta os resultados.

Então, toda oferta começa com uma super-promessa. Não negligencie a super-promessa, pois é ela que vai captar a atenção da pessoa para escutar sua oferta, beleza?

Agora, uma coisa muito importante: a promessa não pode ser uma mentira. Ela tem que ser verdadeira!

Fazer marketing é olhar os ativos que você tem e usá-los a seu favor. Você vai descobrir qual ângulo você pode usar para cativar as pessoas, mas ele tem que ser real.

As duas coisas mais importantes que uma oferta irresistível constrói são: urgência e confiança.

Você quer que a pessoa faça uma ação na hora e você quer que a pessoa confie em você.

Se você fizer uma promessa falsa, você vai acabar com a sua reputação e com a confiança das pessoas em você. E ninguém compra de uma pessoa em quem não confia, certo?

Ingrediente #2: Plausibilidade

Muitas super-promessas podem acabar parecendo algo impossível. Para você não perder a atenção do prospecto que desconfia de uma super-promessa, você precisa oferecer plausibilidade.

Plausibilidade é quando você explica por que a sua promessa é possível. Existem duas maneiras de fazer isso: através de dados estatísticos ou de exemplos empíricos.

Por exemplo: se o seu nicho for culinária, e você ensina as pessoas a fazer receitas práticas, sua plausibilidade poderia ser algo do tipo: "Prepare seu almoço da semana usando menos de R$ 15 por dia e gastando menos de dez minutos no preparo. Sei que isso parece ser bom demais para ser verdade, mas eu faço isso todos os dias e já ensinei mais de cinquenta pessoas a fazerem o mesmo".

Embora isso não seja um argumento lógico, é um argumento empírico, que deu resultado tanto para você quanto para as cinquenta pessoas que você ensinou. E que, portanto, tem credibilidade.

Geralmente, o argumento baseado na experiência rende uma boa plausibilidade. Você também pode usar um argumento lógico, desde que seja breve. Um exemplo disso foi um anúncio que fiz, em que a promessa dizia: "Dobre a sua lista sem aumentar o tamanho dela". E minha plausibilidade explicava que você podia fazer isso dobrando o número de cliques, ou seja, sem aumentar o tamanho da lista.

Isso foi o suficiente para atrair a atenção da pessoa: primeiro, eu fiz uma promessa (dobrar o tamanho da lista) e, depois, eu mostrei como isso era possível (dobrando o número de cliques). Eu não mostrei **como** ela vai fazer isso, mas mostrei que era possível com um argumento lógico.

Um outro jeito de conseguir o mesmo efeito seria dizer o seguinte:

"Dobre a sua lista sem aumentar o tamanho dela! Eu sei que isso parece muito bom para ser verdade e eu também estaria um pouco receoso em ouvir isso, mas eu já fiz isso várias vezes e já vi várias pessoas fazerem. E eu vou falar para você como isso é possível".

O seu objetivo com a super-promessa e a plausibilidade é conseguir a seguinte reação: "Ok, estou escutando". E como é que você consegue isso? Por meio de uma explicação lógica ou empírica, uma plausibilidade que explique por que a sua super-promessa é possível.

Ingrediente #3: História

O terceiro ingrediente de uma oferta irresistível é a história. É por meio de histórias que nós, seres humanos, assimilamos informação de maneira mais fácil.

Todo mundo se lembra de pelo menos uma história que marcou sua própria vida. Você não se lembra de uma? Aposto que sim.

A história é o maior ponto de conexão entre você e sua audiência. Por isso, ela é um instrumento muito poderoso da sua oferta irresistível.

Não é por acaso que Hollywood é uma indústria bilionária. O que ela faz? Ela é especialista em contar histórias.

Apesar de elas serem um ingrediente essencial da oferta irresistível, muitas pessoas tendem a não contar histórias em suas ofertas.

Mas, se você está lendo este livro, você quer aprender a fazer uma oferta verdadeiramente irresistível, certo? Para isso, você não pode negligenciar a história.

Então, vamos recapitular: até aqui você já captou a atenção da pessoa por meio do gancho, explicou por que ele é possível com a visão geral e, neste momento, você vai contar uma história.

Um autor e estudioso norte-americano chamado Joseph Campbell estudou, extensivamente, o poder dos mitos e das histórias.

Em um de seus livros, ele apontou um certo padrão de contar histórias que geralmente cria mais conexão com quem está ouvindo, ou seja, com quem está sendo apresentado para a história. Ele chamou esse padrão de **jornada do herói**. Esse padrão é muito usado, tanto em filmes quanto em processos de venda.

Dois bons exemplos cinematográficos de jornada do herói são as histórias de Luke Skywalker, de Guerra nas Estrelas, e Harry Potter. Inclusive, Harry Potter é um exemplo muito poderoso, sabe por quê? Porque o Harry Potter é um menino bruxo que não é nem o mais poderoso, nem o mais inteligente, nem o mais rápido. É um bruxo de nível comum e, ainda assim, consegue vencer todos os desafios e sair vitorioso. Isso gera identificação com as pessoas, porque a maioria delas não é excepcional.

As pessoas se identificam quando veem alguém comum tendo resultados extraordinários, porque elas pensam: "também é possível para mim!"

Existem alguns elementos que compõem a jornada do herói e eu vou esmiuçar cada um deles para você:

Herói

A jornada do herói tem que ter um herói. Então, na história do Harry Potter, o herói é o próprio Harry Potter. Na história da Fórmula de Lançamento, minha empresa, o herói sou eu. Eu trabalhava em banco e praticamente vendia minha alma por dinheiro, mas eu queria ser livre. E aí vem o segundo elemento.

Inimigo em comum

O segundo elemento da jornada do herói é o inimigo em comum. Na história da sua oferta, o inimigo é aquele que você e o seu público-alvo têm em comum.

Mas, por que ter um inimigo em comum? Porque quanto maior a conexão que você tiver com a sua audiência, maior vai ser a chance de ela criar um relacionamento com você.

E por que você quer criar um relacionamento? Porque ele aumenta as suas chances de vender. As pessoas tendem a comprar de quem elas conhecem e confiam, e um dos melhores jeitos de você criar um relacionamento é criando um inimigo em comum.

Quer um exemplo disso? Você entra na fila do banco e ela está grande. Se você xingar o banco e falar que ele devia ter mais caixas, provavelmente você vai fazer uns três amigos. Nesse exato momento, você e as demais pessoas da fila têm um inimigo em comum. Vocês estão todos unidos contra o banco.

Voltando à minha história, quem era o meu inimigo em comum com meu público? Trabalhar demais, vender tempo por dinheiro, não poder ver os filhos, não ter tempo, investir demais e não sair do lugar etc.

Ah, e por falar nisso, **a história que você conta para o seu público tem que ser sempre real, ela não pode ser inventada.** Mas, Erico, e se eu não tiver uma história minha para contar? Fique tranquilo! Mais para frente eu vou ensinar como você pode orquestrar isso e ainda contar uma história real, beleza?

A grande ideia

Vamos recapitular? O herói tinha um inimigo, estava passando perrengue com ele, até ter uma grande ideia. **A grande ideia é o momento da transformação.**

Na sua história, essa grande ideia é o que vai libertar o seu público do inimigo em comum.

No meu caso, a grande ideia, a grande sacada, foi trabalhar com negócios digitais. Construir um negócio no qual eu gosto de trabalhar e que me dá liberdade de tempo.

O retorno do herói

O último elemento da jornada é fazer com que o herói retorne para casa. Mas o que isso significa? Significa que ele foi para a batalha, enfrentou todos os desafios, todas as adversidades, e voltou para casa fortalecido, com um conhecimento especial, que ele vai dividir com os demais companheiros para que ninguém precise passar pelo que ele passou.

Na sua história, o retorno do herói é o momento em que você comunica para o seu público a solução para o inimigo em comum.

Na minha história, por exemplo, um dos principais inimigos em comum é a falta de tempo, então a grande sacada que eu divido é que a possibilidade de menos é ganhar mais, se você trabalhar com negócios digitais. Assim, eu procuro evitar que o meu público caia nas garras do nosso inimigo em comum.

→ DICA DE EXPERT

A VERDADE E NADA MAIS DO QUE A VERDADE

Lembra que eu falei para você que a história que você conta precisa, sempre, ser real? Então, a sacada aqui é que ela precisa ser real, mas ela não precisa, necessariamente, ser sua.

Como assim?

É o seguinte: para construir um negócio, você tem que ter integridade. Por esse motivo, a sua história tem que ser real e o seu herói não pode ser inventado. Mas, eventualmente, pode acontecer de você não ter uma história sua para contar, ou seja, pode ser que você não seja o herói da sua história. Então, como você pode fazer para, ainda assim, contar uma história verdadeira? **Você pode contar uma história em que o herói seja um discípulo seu.**

Por exemplo, o Ross, criador do site *Energize for Life*, é um cara que vende dieta alcalina. Ele nunca foi gordo, ele sempre foi saudável. Ele não tem essa história de: "eu era gordo, aí eu descobri um negócio incrível e emagreci".

Logo, o que ele escolheu contar para o público dele foi a história de outra pessoa, de alguém que não era saudável e que, portanto, tinha um inimigo em comum com o público-alvo dele.

Jeff Walker, o grande criador da Fórmula de Lançamento, também tem um bom exemplo. No negócio dele, ele conta a história do John, um cara que vivia com a ajuda do governo nos Estados Unidos. Esse cara criou um site de ervas, usando os ensinamentos do produto do Jeff, e hoje ele fatura por volta de u$$ 30 mil por mês.

Ou seja, você pode contar uma história real que não seja a sua, porque você pode contar a história dos seus clientes.

Inclusive, se você acompanha o meu trabalho, já deve ter percebido que nos últimos anos eu conto muito mais as histórias dos meus clientes do que a minha própria história. Ou seja, a partir de agora, sem desculpas: mesmo que você não tenha uma história sua para contar, isso não é motivo para você não seguir adiante na construção da sua oferta irresistível.

Afinal, quem gosta de ouvir uma oferta de venda? Acho que ninguém, né? Por outro lado, quem gosta de ouvir uma boa história? Entendeu a importância de contar uma boa história?

Ingrediente #4: Conteúdo

Outro importante ingrediente da oferta irresistível é o conteúdo. E chegou a hora de entregar conteúdo de valor para seus clientes e potenciais clientes.

Isto é, chegou a hora de entregar **um conteúdo útil, que mostra que aquilo que você vai apresentar para eles é uma oportunidade**.

Ou seja, você vai educar a sua audiência para que ela enxergue que o produto ou serviço que você tem a oferecer tem grande valor para ela.

Por exemplo, o conteúdo que eu compartilho com o meu público ensina o que é uma *lead* desesperada, quente, (alguém que já conhece e precisa muito do seu produto). Eu conto também por que não é uma boa estratégia tentar converter esse tipo de *lead*. Como eu provo isso? Mostrando que a maioria das empresas faz exatamente isso. Logo, a concorrência ali é enorme e seria o mesmo que trabalhar duro para atacar, somente, a pontinha do iceberg. Lembra do nosso iceberg?

O meu conteúdo também ensina que se o empreendedor conseguir entender que, para baixo desse iceberg, existe uma quantidade enorme de potenciais clientes. E se ele aprender a vender para esse público da forma correta, ele vai navegar sempre em mar azul, praticamente sem concorrência, pois conseguiu atrair as *leads* mais frias (pessoas que não o conheciam ou que o conheciam pouco, mas que precisam do produto ou serviço dele) e convertê-las em *leads* quentes.

E eu ensino, tim-tim por tim-tim, como conquistar esse cliente, como fazer para chamar a atenção dele não apenas para a venda, mas para um relacionamento.

Sendo assim, eu demonstro, por meio de conteúdo de valor, que o meu produto (um curso que o ensina a fazer esse processo) é uma grande oportunidade.

Mas, você concorda comigo que, se o meu público não soubesse o que é uma *lead* quente, o que é uma *lead* fria, e que é possível transformar uma *lead* fria em uma *lead* quente, ele não compraria meu produto (afinal, seria difícil entender a oportunidade)?

É por isso que o conteúdo que educa o seu público é tão importante no processo da oferta irresistível. **Ele é um conteúdo de valor porque a pessoa aprende com ele**, mesmo que ela não compre o produto ou serviço em questão.

No meu caso, mesmo que ela não compre o meu curso, ela aprendeu que competir por *leads* desesperadas não é o caminho mais sustentável para o sucesso de um negócio, e que existe muito mais a se explorar.

Ou seja, ela aprendeu uma boa sacada por meio do conteúdo que eu ensinei a ela.

Agora, ela sabe que, mesmo que ela não compre o meu curso (a oportunidade) que dá o caminho das pedras para realizar o processo, ela vai ter que dar um jeito para aprender isso e aplicar no negócio dela.

Ingrediente #5: Gatilhos mentais

Esse é um ingrediente muito importante da sua oferta irresistível. Apesar de eles estarem aqui como quinto ingrediente, você deve aplicar os gatilhos mentais desde o começo da sua oferta.

Ou seja: a sua super-promessa, sua plausibilidade, sua história, seu conteúdo, tudo deve conter gatilhos mentais. A história, inclusive, não é apenas um ingrediente, mas é também um gatilho mental, como você verá adiante.

Os gatilhos mentais são expressões, palavras, ou mesmo uma parte do conteúdo, que disparam uma determinada emoção dentro da cabeça da pessoa fazendo com que ela:

→   Preste atenção na sua mensagem;
→   Aja.

Existem vários gatilhos mentais. Neste livro, eu vou explicar dez deles e mostrar como você pode aplicá-los na sua oferta irresistível, mas eu recomendo fortemente que você baixe meu e-book *Sim: 28 técnicas de persuasão que aumentam as chances de você receber um sim.*

Lá, eu explico profundamente vinte e oito gatilhos mentais que você pode usar em seu negócio.

Agora, vou mostrar para você dez gatilhos mentais. Vamos lá?

Prova

O primeiro gatilho mental é a prova. **Ela gera confiança no seu prospecto**. Quando uma pessoa, por exemplo, dá um depoimento dizendo: "Eu tenho um negócio que fatura R$ 400 mil. Toda vez que o Erico me dá uma sugestão, eu paro para escutar. Inclusive, quando implementei algo que ele me sugeriu, as minhas vendas subiram 15%".

Isso é uma **prova de que eu consigo fazer o que eu falo que eu consigo fazer**.

A maioria das pessoas tem medo quando vê uma oportunidade. Então, se ela tiver respaldo, **isso facilita o processo de tomada de decisão**. São justamente os gatilhos mentais os responsáveis por facilitar o processo de decisão do seu prospecto. Isso acontece porque **a maioria das decisões do ser humano são tomadas com base em emoção**.

Ao ativar as emoções na cabeça das pessoas, os gatilhos mentais vão fazer com que elas tomem uma decisão mais facilmente. Como isso acontece?

Em vez de você apresentar a oportunidade para a pessoa e deixá-la quebrar a cabeça para tomar a decisão, você pode colocar um depoimento, uma prova, e facilitar esse processo. No caso que eu citei, o depoimento de prova faz a pessoa pensar: "Se o Erico conseguiu fazer uma pessoa de sucesso aumentar as vendas em 15%, o que ele vende deve ser realmente bom".

E aí: **BOOM!** Ativou a emoção e facilitou a tomada de decisão.

História

Como eu mostrei para você, a história é o ingrediente #3 de uma oferta irresistível. Mas ela é também um gatilho mental, pois se você construir uma boa história, você **vai gerar conexão com o seu público, vai criar emoção**.

Não deixe de contar uma história na sua oferta irresistível!

Prova Social

A prova social consiste em você **mostrar, para as pessoas, que tem muita gente interessada no que você faz**. Ou seja, se você tem oitocentos comentários em um vídeo, mil assinantes no seu canal do YouTube ou trezentos mil seguidores no Instagram, é sinal de que você tem prova social.

São números que mostram que as pessoas estão aprovando o que você está fazendo. **Muita gente confunde a prova com a prova social.**

A fila na porta de um restaurante é uma prova social, pois existe uma quantidade grande de pessoas querendo comer ali. Tão grande que nem cabe no restaurante e ele acaba tendo fila de espera. Quer dizer que, em todo restaurante que tem fila na porta, a comida é boa? Não, mas se tem muita gente querendo, você tende a achar que é boa, certo? Isso é prova social.

Agora, quando uma pessoa chega para você e fala: "Olha, eu comi lá dez vezes e sempre achei tudo maravilhoso". Isso é uma prova de que o restaurante é bom.

Então, **prova é você mostrar para alguém que algo funciona. E prova social é quando inferimos que algo é bom pelo número de pessoas que tem interesse naquilo**: pessoas que fazem fila no restaurante, que assinam um canal do YouTube, que seguem uma página e assim por diante.

Escassez

O gatilho mental da escassez é responsável por provocar urgência na cabeça do seu prospecto. E isso é tudo que você quer, quando faz uma oferta, certo?

Então, quando você fala: "Eu só vou fazer essa palestra este ano e não tenho previsão de quando vou fazer outra", isso vai gerar urgência na cabeça da pessoa. Ela vai pensar: "É melhor eu garantir logo meu lugar, senão posso perder essa oportunidade e não terei outra tão cedo". Vale ressaltar que **a escassez que você coloca na sua mensagem**

deve ser real. Você não pode falar que não sabe quando vai fazer outra palestra se já tem uma planejada para o próximo mês, senão você perde a credibilidade.

Quando você tem uma oferta limitada, a pessoa tende a querer comprar na hora porque sabe que pode perder a oportunidade.

No entanto, se o seu tipo de produto ou serviço é algo que está sempre disponível, você pode gerar escassez dando um bônus, por exemplo: "Compre este curso agora e leve, de bônus, vídeoaulas de um convidado especial". Lembre-se de que o bônus precisa ser algo que vai captar o interesse do público-alvo.

Outra forma legal de gerar escassez é colocar um contador na página. Então, se você disser que só tem dez unidades disponíveis e colocar um contador, ou mostrando as unidades restantes ou mostrando por quanto tempo aquela oferta permanecerá no ar, você cria um senso de urgência nas pessoas. Lembrando: toda escassez que você definir deve ser real! Não coloque um contador mostrando que faltam 24 horas para sua oferta terminar se, ao final desse período, você colocar o relógio contando o tempo novamente. Isso fará você perder a confiabilidade e terá o efeito contrário. Tenha sempre em mente: **as pessoas compram de quem elas confiam**.

Inimigo em comum

Nós já falamos do inimigo em comum, quando eu expliquei sobre a história. O inimigo em comum é um gatilho mental capaz de gerar empatia entre você e o seu público. Lembra-se do exemplo do banco? Para gerar empatia na fila do banco, é só reclamar do banco.

Você deve estabelecer um inimigo em comum entre você e seu público para gerar essa aproximação. Então, se você vende um infoproduto que ensina a fazer imposto de renda, o inimigo em comum entre você e seu público pode ser representado pelo Leão. Um bom gancho para esse produto seria: "Saiba como diminuir a mordida do Leão". É isso mesmo! Você pode e deve usar um gatilho mental já no gancho!

O porquê

Quando você justifica alguma coisa, isso dá muito mais credibilidade a você. **A justificativa faz com que a pessoa confie no que você está falando**. Inclusive, um estudo realizado por uma psicóloga norte-americana revelou que dar uma justificativa para uma pessoa aumenta em 34% a chance de essa pessoa concordar com um pedido seu.

O gatilho mental do porquê, quando associado a outros gatilhos mentais, aumenta a credibilidade da sua mensagem. Por exemplo: quando você disser para uma pessoa que o seu bônus só vai durar as dez primeiras compras – usando o gatilho mental da escassez – explique por que seu bônus é escasso.

Isso faz com que a pessoa confie em você e não ache que é apenas desculpa de vendedor. Sempre justifique o que você está dizendo ou fazendo. Isso vai aumentar a confiança do seu público.

Reciprocidade

Quando você dá alguma coisa ou ajuda alguém, essa pessoa, naturalmente, sente-se obrigada a retribuir: esse é o princípio da reciprocidade e é um gatilho mental muito importante.

Nós já falamos aqui sobre dar conteúdo para sua audiência. Nós falamos também que esse conteúdo deve ser de valor, ou seja, ele deve ajudar a pessoa em alguma coisa ou ensinar algo a ela. Nesse processo de entregar valor, você ativa o gatilho mental da reciprocidade.

A pessoa vai pensar: "Nossa, que legal, o Erico me ensinou uma boa sacada para o meu negócio". Isso faz com que ela tenha vontade de retribuir esse favor.

Como eu também já disse, os gatilhos mentais são ativados durante todo o processo da oferta irresistível. Logo, é no momento em que você dá conteúdo de valor para sua audiência que você ativa o gatilho mental da reciprocidade e faz com que a pessoa pense em retribuir comprando um produto seu (ou respondendo uma pesquisa, participando de uma palestra etc.).

Simplicidade

Quando você mostra o valor da simplicidade para uma pessoa, ela fica muito mais propensa a agir. Afinal, quem vai querer comprar um produto difícil de usar ou contratar um serviço complicado?

Suponha que você venda um infoproduto que ensina as pessoas a perder barriga. Em seu conteúdo, você conta para a pessoa que, se ela fizer apenas três exercícios, durante cinco minutos por dia, isso já é o suficiente para ela perder barriga. Isso é simples, certo? E é justamente a simplicidade o que vai fazê-la comprar o seu produto.

É importante que você deixe claro para a pessoa que usar o seu produto ou serviço pode facilitar a vida dela. A pessoa tem que imaginar que ela consegue fazer aquilo.

Simplificar é a palavra de ordem, não se esqueça!

Especificidade

Quanto mais específico você for, mais você vai gerar confiança na pessoa e isso é tudo o que você quer, quando está fazendo uma oferta.

Falar que você recebeu cem comentários é diferente de falar que você tem cento e trinta e três comentários (e é essa segunda maneira a que gera mais confiança). Um bom jeito de exemplificar a importância da especificidade é por meio dos testemunhos, sobre os quais comentei com você, quando falávamos do gatilho mental da prova.

Quando você tem um depoimento por escrito no seu site, dizendo: "O produto é muito bom, recomendo", com o nome de alguém do lado, isso não é tão eficaz na hora de gerar confiança. Por quê? Porque não é específico.

Qualquer um pode chegar lá e se passar por outra pessoa ou inventar um nome para escrever esse depoimento. O testemunho ideal, que gera confiança na pessoa que está vendo, deve:

→ Ser elaborado em vídeo, pois assim é mais difícil de ele ter sido falsificado.

→ Apresentar nome, sobrenome, profissão, idade e cidade do seu cliente.

→ Mostrar de que forma o produto ou serviço mudou a vida daquela pessoa e apresentar a história dessa mudança.

Essas são informações específicas que, pelo gatilho mental da especificidade, irão gerar confiança.

Autoridade

Existem muitas maneiras de construir autoridade, e construí-la é muito importante para você e para o seu negócio.

O fato de você ter uma audiência, ter pessoas ouvindo o que você tem a dizer, é uma das formas de demonstrar autoridade. Então a prova social, isto é, seu número de seguidores, de assinantes do seu canal no YouTube e de pessoas na sua lista é o que vai gerar autoridade para você.

O gatilho mental da prova é outro jeito de construir autoridade. Quando uma pessoa diz, por meio de um testemunho, que o seu produto ou serviço mudou a vida dela de alguma forma, isso também gera autoridade.

Publicar conteúdo também é uma maneira de construir autoridade. Quanto mais conteúdo de valor você entrega ao seu público, mais ele vai enxergar você como uma autoridade. Isso porque, quando você ajuda alguém, quando você resolve o problema de uma pessoa, ela entende que você sabe do que está falando e, portanto, sabe fazer o que afirma.

Sempre que você tiver algo que lhe atribua autoridade, encaixe em sua mensagem. As pessoas compram de quem elas acreditam que tem autoridade no meio em que atua. Afinal, autoridade transmite confiança.

É importante ressaltar que autoridade não é sinônimo de você dizer para a pessoa que você é PhD ou especialista nisso ou naquilo. **O que o cliente quer é que você resolva um problema dele. É isso que dá autoridade para você.**

↳ **Um passo além**

Acesse alguns vídeos com gatilhos mentais extras explicados por mim!

www.ericorocha.com.br/gatilhos

Ingrediente #6: Apresentação do produto ou serviço

Até agora, nós já vimos cinco dos sete ingredientes que compõem uma oferta irresistível. O mais curioso é que a maioria das pessoas pula os cinco primeiros ingredientes e vem direto para cá.

Isto é, pula o gancho, pula a visão geral, pula a história, pula o conteúdo que mostra que o seu produto ou seu serviço é uma oportunidade, e não coloca nenhum gatilho mental. Isso é péssimo para o seu negócio!

Você precisa dos 5 ingredientes anteriores para construir a sua oferta irresistível e, mais do que isso, você precisa deles para chegar aqui, no sexto ingrediente: a apresentação do seu produto ou serviço.

Como você pode apresentar seu produto da melhor maneira? Seguindo o roteiro que vou mostrar a você agora. Vem comigo:

1º passo: O que é?

Primeiro, você vai dizer o que é o seu produto ou o seu serviço. Exemplo: "O meu produto é um curso", "o meu produto é um e-book", "o meu serviço são aulas de culinária presenciais" ou "o meu serviço é uma consultoria". Aqui é bem simples mesmo, você só vai dizer o que é, mas sem dizer ainda o que o seu produto ou serviço faz.

2º passo: O que faz?

Agora sim você vai dizer o que faz o seu produto ou o seu serviço. Então, se no primeiro passo você disse que o seu produto é um e-book, agora você vai dizer: "meu e-book ensina a construir uma oferta irresistível", por exemplo. No caso da consultoria, você vai dizer: "a minha consultoria ensina a melhor forma de falar em público".

Não tem segredo, é só falar a função do seu produto ou do seu serviço. Quando eu disse que a maioria das pessoas faz a apresentação do produto da forma errada, é porque elas param por aqui, no segundo passo.

Só que o pulo do gato ainda está por vir!

3º passo: Método "e daí?"

Você já disse o que é o seu produto ou serviço e qual a função dele, mas não respondeu a pergunta: "e daí?"

Essa pergunta tem, por objetivo, mostrar qual é a transformação que o seu produto proporciona, ou seja, **responder o que você entrega de benefício ao seu cliente em potencial**. Lembra do gatilho mental do porquê? Então, você tem que falar por que aquilo que o seu produto ou serviço faz é relevante para quem está vendo a sua oferta irresistível. Eu chamo isso de "Método 'e daí?'".

Você deve fazer essa pergunta a si mesmo para responder ao seu cliente em potencial qual é a transformação que você entrega. Vamos treinar?

– Meu produto é um livro que ensina as pessoas a fazerem uma oferta irresistível.

– E daí?

– E daí que, se você fizer uma oferta irresistível, aumentam as chances de fazer conversões, de fazer vendas e, consequentemente, aumentar a lucratividade do seu negócio.

Então, qual é a transformação do livro? É ensinar a fazer uma oferta irresistível? Não! É aumentar a lucratividade do seu negócio.

Aqui na minha empresa a gente faz o exercício de responder pelo menos 5 "e daí?". Se precisar de ajuda, pega o seu amigo mais chato e mande-o ficar perguntando "e daí?" para você.

Por que responder a pergunta "e daí?" é importante? Porque as pessoas não compram a função de um produto ou de um serviço, elas compram a transformação que ele proporciona, ou seja, o resultado.

Ninguém compra uma furadeira. A pessoa compra um buraco perfeito na parede em dois segundos, sem esforço.

Então, o "Método 'e daí?'" é indispensável durante a construção da apresentação do seu produto. É ele que vai ajudar a definir a transformação que o seu produto proporciona e, assim, vai ficar muito mais fácil contar essas vantagens, benefícios e resultados para o seu cliente em potencial. Isso vai fazer toda a diferença, quando seu cliente for tomar a decisão!

4º passo: Bônus

O bônus vai aparecer no momento da apresentação do seu produto ou serviço. Muito importante: **o bônus não é parte do seu produto ou serviço**. Como todos nós sabemos, **bônus é algo extra**, um complemento. Pare para pensar, qual das situações abaixo você acha que vende mais?

→ Compre dez livros por R$ 100.
→ Compre um livro por R$ 100 e leve nove de bônus.

É bem provável que a oferta número dois venda mais. As pessoas adoram coisas grátis. Vai dizer que você não gosta?

Mas o bônus não é só uma forma pura e simples de agradar ao cliente dando algo extra. Você deve usá-lo de forma estratégica. Existem três maneiras de você fazer isso.

Para resolver uma objeção específica

A primeira forma estratégica de usar um bônus é para resolver uma objeção específica. O que é uma objeção? É um motivo que o seu futuro cliente dá a ele mesmo para não comprar seu produto ou serviço.

Por exemplo, eu e meu irmão vendíamos uma ferramenta que ensinava as pessoas a arrematar imóveis em leilões. Uma das objeções dizia respeito a desocupar um imóvel comprado em leilão.

Então, o que a gente fazia? A gente dava um bônus que ensinava, de maneira simples, como era o processo de desocupação de um imóvel de leilão. Ou seja, nesse bônus, procurávamos remover uma das barreiras que impediam nossos clientes de comprar.

Por isso, você deve levantar as principais objeções do seu prospecto em relação ao seu produto ou serviço para que, no momento de criar o seu bônus, você possa destruir essas objeções.

Uma boa maneira de fazer o levantamento de objeções do seu prospecto é observar os comentários deixados nos vídeos ou na sua página.

Vale lembrar que existem dois tipos de objeções:

→ A de mercado.

Exemplo: desocupar imóvel de leilão é difícil.

→ A de produto.

Exemplo: eu moro na cidade X. Será que a ferramenta está disponível na minha cidade?

Por isso, antes de fazer uma oferta, é seu dever levantar as objeções do seu prospecto para, depois, poder destruir essas objeções. Você pode remover objeções tanto com o seu bônus quanto com o seu conteúdo, como falamos no ingrediente #4.

Uma observação muito importante a respeito do bônus é: você não pode dar para a pessoa um bônus que ela entenda como parte do produto. O bônus deve ser um complemento real, algo que não deveria estar incluso, senão você perde sua credibilidade.

Vale ressaltar, também, que o bônus é definido por algo que você anuncia na sua oferta. Ou seja, quando a pessoa adquire o seu produto ou seu serviço, ela está esperando ganhar aquele bônus porque você disse a ela que ganharia.

Agora, quando você entrega para a pessoa algo a mais, algo que você não anunciou e que o cliente não está esperando, isso é muito positivo também, mas recebe outro nome: *overdelivering*.

Inclusive, na minha empresa, nós sempre estamos pensando como praticá-lo. O *overdelivering* é algo que vai surpreender a pessoa, que vai fazê-la pensar: "Nossa, que bacana, o Erico entregou mais do que eu estava esperando". Isso surpreende o seu cliente e o deixa satisfeito.

Apesar de não ser um bônus, resolvi falar de *overdelivering* porque é algo que você deve pensar em praticar na sua empresa.

Afinal, cliente satisfeito é sinônimo de cliente que retorna, certo?

Para resolver um problema futuro

A segunda estratégia é usar o bônus para resolver um problema futuro, ou seja, um problema que a pessoa terá depois de ter resultado com o seu produto.

Eu conheço um cara, chamado Sebastian, que vende um produto que ensina homens a conquistarem mulheres.

Então, qual seria um problema futuro, derivado do resultado do produto dele? O homem pode acabar conquistando mulheres demais. Isso é um problema? Sim, pois ele vai precisar, então, terminar com elas em algum momento. Um ótimo bônus para esse produto poderia ser, por exemplo, um guia que ensinasse como terminar relacionamentos sem magoar as mulheres.

Qual é a grande sacada do bônus que resolve um problema futuro? Esse tipo de bônus deixa implícito que o seu produto ou serviço, de fato, funciona.

A pessoa vai pensar: "Ora, se ele está me oferecendo um bônus que me ensina a terminar com mulheres, isso quer dizer que vou conseguir conquistar muitas mulheres, se eu adquirir esse produto".

Para aumentar o valor percebido da sua oferta
O retorno do rei

Nesse caso, o valor do bônus é tão alto para o seu prospecto que ele pensa que vale a pena comprar o seu produto só pelo bônus. É o caso daquele exemplo que dei, o de comprar 1 livro só para poder ganhar 9 de bônus.

O maior exemplo de retorno do rei que todo mundo conhece é o McLanche Feliz. Se bobear, a criança nem come o lanche, ela só está interessada no brinquedinho que ela vai ganhar.

Então, recapitulando: o bônus, apesar de não ser parte do seu produto, será apresentado junto a ele, com a função de quebrar uma objeção, resolver um problema futuro ou aumentar o valor percebido da sua oferta. Tudo certo até aqui?

5º passo: Garantia

A maior objeção de uma pessoa, não importa o produto que ela esteja comprando, é pensar que pode ter tomado uma decisão errada ou pensar que pode se arrepender da decisão que tomou.

Geralmente, quando você compra um produto ou contrata um serviço, quem assume as consequências dessa transação é você, certo? Pode acontecer que, em algumas transações, você tenha se arrependido da compra, não é mesmo? E qual a garantia que você tem? Nenhuma. E quem sai perdendo nessa história? Você.

É muito importante pensar na garantia do seu produto ou serviço, pois o seu cliente também vai passar por essa situação. É importante não apenas ter um termo de garantia, como deixar esse termo bem claro para o seu cliente.

Sempre vão existir diversas objeções. E, por melhor que você seja, você não vai conseguir remover todas. E vai chegar a hora em que o seu cliente vai perguntar "e se?":

E se der errado?
E se não funcionar para mim?
E se eu me arrepender?

Você reverte essa objeção com uma garantia, pois ela tira o risco da transação da mão do seu cliente e joga de volta para você. Isso é ótimo por dois motivos: ajuda na conversão e ajuda, também, na sua credibilidade.

Eu sei, você deve estar pensando: "Erico, isso não funciona no Brasil, vão acabar me passando a perna e eu vou perder dinheiro". É claro que existem pessoas desonestas, mas o número de pessoas honestas é muito maior. E a garantia aumenta a sua chance de conversão.

Ou seja, mesmo que um ou dois desonestos peçam o dinheiro de volta, você não vai sair no prejuízo frente a todas as outras vendas que vai fazer por oferecer uma garantia.

Para você ter uma ideia, uma média aceitável de devoluções fica em até 15%. Ou seja, mesmo que chegue nesse número, vale a pena dar a garantia, sabe por quê? Quando a gente dá garantia, a gente converte mais que o dobro. É isso mesmo! Só de dar a garantia você converte duas vezes mais pessoas!

Outro ponto importante é que, à medida que você dá a garantia e realmente garante a qualidade do seu produto, você vai poder oferecer garantias maiores. Isso é muito importante. Sabe por quê? Se você der, por exemplo, uma garantia de três dias, a pessoa vai ficar desesperada para testar tudo que o seu produto oferece por medo da garantia terminar, e aí vai acabar não usando o produto da melhor maneira possível.

Já com uma garantia maior, de 30 ou 60 dias, a pessoa vai ter tempo para testar tudo com calma e vai usar o seu produto da maneira como ele tem que ser usado.

Se você sabe que seu produto de fato é bom, você não vai precisar se preocupar em dar um tempo maior para a pessoa ter tranquilidade para testá-lo, assim o produto vai dar resultado ao cliente e ele vai ficar satisfeito.

→ DICA DE EXPERT

FUJA DA GARANTIA VITALÍCIA

Muito cuidado com a garantia vitalícia, pois ela tem algumas complicações legais. Você não vai poder pegar empréstimo em banco, por exemplo, porque eles podem alegar que, um dia, todas as pessoas podem cobrar essa garantia ao mesmo tempo, o que pode ocasionar a falência da sua empresa.

Além da questão do tempo da garantia, você também tem que optar entre os três tipos de garantia que existem:

A garantia incondicional

Como o próprio nome diz, você não impõe condições. Se a pessoa quiser devolver seu produto ou cancelar seu serviço, por qualquer motivo, dentro do prazo estipulado, ela pode solicitar.

A garantia condicional

Impõe uma condição para que a pessoa cancele ou peça devolução. Exemplo: "Se você comprar meu exercício de abdominais, fizer os exercícios e não reduzir a barriga, eu devolvo o seu dinheiro". Neste caso, você precisa ter uma maneira de medir isso. Vai depender do seu tipo de produto.

A garantia dupla

Pode ser usada tanto com uma garantia condicional, que é o mais usual, quanto com uma garantia incondicional. Como funciona essa garantia?

No caso do uso com uma condicional, você vai dizer para a pessoa que, se ela usar o seu produto e não der resultado, você devolve o dinheiro dela e mais uma quantia.

Caso você use com uma incondicional, se a pessoa usar o seu produto e, por qualquer motivo, ela quiser o dinheiro de volta, você devolve o dinheiro e mais uma quantia.

Para oferecer esse tipo de garantia, você precisa conhecer muito bem o seu produto e o seu mercado. E o mais importante: **se você oferece uma garantia e a pessoa pedir a garantia, dê a garantia**, devolva o dinheiro, faça exatamente o que você disse que ia fazer!

Uma garantia bem feita aumenta muito suas vendas. Não estrague tudo sendo malandro e não cumprindo sua palavra. Sempre opere seu negócio com integridade.

6º passo: Preço

O preço é o último item na apresentação do produto e uma das maiores objeções do seu prospecto.

É possível que, na hora de apresentar o preço do seu produto, o seu futuro cliente pense: "Eu não tenho dinheiro para isso". Por isso, você tem que justificar o preço. Como você faz isso? Mostrando o valor do seu produto ou serviço. Lembrando que valor é o resultado que você entrega.

Lembra-se do exemplo de trocar os R$ 10 por R$ 100? A pessoa que fez essa oferta estava oferecendo dez vezes mais valor do que estava cobrando. O seu objetivo é mostrar que o valor do seu produto é maior do que o preço dele.

Você vai dizer qual é o resultado do seu produto ou serviço e vai comparar monetariamente para que a pessoa veja que o preço que você cobra é menor do que o valor que você entrega. Quer um exemplo?

Vamos imaginar que um empreendedor tem um produto que ensina a reacender o calor da paixão.

Na oferta, ele fala para o prospecto dele mais ou menos o seguinte: "Meu produto custa US$ 69. Se você for ver, isso não é nem o preço de um buquê, que custa uns US$ 100. Apesar de as mulheres gostarem de flores, um buquê não vai ter, nem de perto, o resultado do meu produto. Sem contar a terapia de casal que você vai ter que pagar porque o fogo da paixão de vocês acabou. Então, US$ 69 para resolver isso é uma bagatela".

Ao comparar os dois produtos (o curso e o buquê) e ainda complementar com a questão do resultado (o buquê não tem o resultado que o curso tem), ele mostra que o produto dele vale mais do que o preço que ele cobra (você vai gastar mais no buquê e vai ter menos resultado).

→ **DICA DE EXPERT**

DESCONTO PARA QUÊ?

Aproveitando que estamos falando de preço, imagino que você possa estar se perguntando sobre a prática de dar descontos. **Desconto não é a melhor opção**. Eu não costumo dar. Sabe por quê? Pensa comigo: se o seu produto ou o seu serviço entrega um valor maior do que ele custa, por que você daria desconto?

O seu objetivo é mostrar que o valor do seu produto é maior do que o preço dele.

Ingrediente #7: Fechamento

Chegou a hora de fechar a sua oferta!

Muita gente faz direitinho todo o processo da oferta irresistível, mas quando chega aqui fica acuado. Por quê? Porque **o fechamento é a hora de pedir a venda**.

Mas existe uma maneira de fazer isso da melhor forma possível. Sabe como? Você dá um comando, uma chamada para ação: "clique no link", "clique em comprar" etc., para encaminhar a pessoa para o fechamento. Você não deve ficar acuado, não! Pense o seguinte: se a pessoa chegou até aqui, ela está interessada no que você tem a oferecer.

Aliás, uma coisa que você pode fazer para aumentar a conversão nessa hora é dar três comandos, ou seja, três pedidos para a pessoa comprar, ao invés de um só. Como assim?

Apelo por desejo

No primeiro pedido, você vai apelar para o desejo da pessoa. Assim, você atinge quem já é seu fã e está apenas esperando a hora de comprar.

Apelo por lógica

No segundo pedido, você vai apelar para a lógica. Quando falei em gatilhos mentais, eu disse que as pessoas tomam decisões baseadas em emoção. Mas elas usam a lógica para justificar essa decisão emocional.

Um exemplo de argumento lógico pode ser sua garantia. Você pode dizer: "O risco está todo comigo. Você tem uma garantia de 60 dias para testar à vontade!".

Com esse argumento, a pessoa tem uma lógica para embasar sua decisão. A vontade de comprar ela já tem. Por isso, ela pensa: "se o risco não está em cima de mim, se eu não gostar do produto, é só cancelar". Dessa forma, ela não tem por que não comprar.

Apelo por medo

O medo é uma coisa que move muita gente. Logo, você tem que saber usá-lo. Como seria um argumento que apela para o medo?

Você pode dizer: "Olha, é o seguinte: essa oferta só está valendo até a meia-noite de hoje, depois disso eu não sei quando você terá essa oportunidade de novo. Se você deixar para depois, você vai se arrepender".

Eu falei várias vezes sobre integridade e nesse caso não é diferente.

Você vai apelar para o medo da pessoa usando um argumento real. Se você disse que a oferta só vale até meia-noite, isso precisa ser verdade, beleza? A verdade é primordial para o seu negócio.

Resumindo tudo...

Depois dessa caminhada, tenho certeza de que você está convencido de que o seu produto não é a sua oferta. Muito pelo contrário! Você viu que existe um percurso até a hora de apresentar o seu produto. Nesse percurso, você precisa passar pelas seguintes etapas:

→ O nome e a super-promessa, que vão captar a atenção do seu prospecto.

→ A plausibilidade, que vai explicar por que a super-promessa é possível.

→ A sua história, que vai criar conexão com seu prospecto.

→ O seu conteúdo, que vai mostrar seu produto ou serviço como uma oportunidade e dizer qual transformação ele proporciona.

→ Os gatilhos mentais que, por meio da ativação de emoções, vão fazer com que, em todos os passos da oferta, o seu prospecto preste atenção e, por fim, tome uma ação.

→ A apresentação do seu produto, que vai dizer o que ele é, o que ele faz, qual o bônus da oferta, qual a garantia e quanto custa.

→ E, por fim, o mais importante: o fechamento da sua oferta, o momento em que você vai pedir a venda.

Como apresentar uma oferta irresistível

Com a sua oferta irresistível construída, você vai precisar apresentá-la para as pessoas e você pode fazer isso de diversas formas. Em minha experiência, as que deram mais certo foram:

→ Vídeo de vendas:
A oferta irresistível nada mais é do que um script. O que que muita gente no mercado digital faz é transformá-la em um vídeo. Esse vídeo fica incorporado em uma página de vendas para onde você direciona as pessoas.

→ Webinário (aula web):
Você pode apresentar sua oferta irresistível em um Webinário. Existem diversas ferramentas que fazem esse tipo de transmissão, mas a que eu mais utilizo, hoje, é o Hangouts do Google.

→ Em uma palestra de evento ao vivo:
Da mesma forma que você pode fazer uma apresentação on-line, você pode fazer também uma apresentação ao vivo em um evento.

Hoje em dia, é cada vez mais comum ver pessoas fazendo parcerias para que outras façam pitch de vendas em seus eventos e, nesse caso, você pode usar a oportunidade para fazer uma oferta irresistível.

↳ **Um passo além**
Confira exemplos de ofertas irresistíveis!
www.ericorocha.com.br/oferta

O SANTO GRAAL DO MARKETING DIGITAL

A segunda estratégia é utilizar aquilo que eu apelidei de "Santo Graal do Marketing Digital", uma estratégia que, de longe, é a que trouxe mais resultados para meus negócios e para os negócios de todos os meus clientes: **LANÇAMENTOS**.

Em minha experiência, quando estamos falando em converter uma audiência em vendas, o Lançamento é o Santo Graal do Marketing Digital.

Depois de aplicar isso nos meus negócios, eu resolvi ensinar a Fórmula de Lançamento aqui no Brasil e, hoje, ela é responsável por, literalmente, centenas de milhões de reais em faturamento gerados pelos meus alunos.

Agora, eu tenho uma boa e uma má notícia para você.

A má notícia é que a Fórmula de Lançamento é uma estratégia mais elaborada e, portanto, eu não conseguiria explicar como ela funciona, exatamente, em apenas um capítulo deste livro.

A boa notícia é que todo ano eu faço workshops gratuitos onde eu consigo mostrar exatamente como essa estratégia funciona. Para você verificar as datas da próxima turma e fazer a sua inscrição gratuita, é só acessar:

www.formuladelançamento.com.br/workshop

Agora, o mais interessante é que aprender e aplicar o que eu estou mostrando neste livro, além de gerar resultados para você, ainda vai ajudar a criar uma base muito mais sólida para você aproveitar esse workshop.

O seu produto não é a sua oferta.

# anotações

QUER IR ALÉM? APRENDA A CRIAR UM NEGÓCIO DIGITAL DO ZERO

(um que, quiçá, também pode ajudar você a aumentar o faturamento do seu negócio atual)

1

o produto que oferece a liberdade e o lucro que você sempre sonhou

O primeiro produto que lancei no mercado foi uma ferramenta, um software que concentrava e organizava a informação de leilões de imóveis em alguns estados do Brasil.

Como eu já sabia fazer o marketing que explico nesse livro, o negócio estava até indo bem. Mas começar um negócio com um software como produto tem suas desvantagens.

A primeira é que, a não ser que você seja um ótimo programador, desenvolver software é bem caro. Lembro que o desenvolvimento desse software custou, para mim, pouco mais de R$ 200 mil.

Além disso, existe o custo de manutenção, pois um software é como um ser vivo, não dá para colocar no ar e nunca mais olhar para ele. É necessário cuidar, corrigir pequenos erros (que sempre aparecem) e ir fazendo melhorias. E esse serviço costuma custar caro, afinal exige mão de obra qualificada.

No meu caso, além do time de desenvolvedores, eu também tinha um time de pessoas que alimentava a ferramenta com os dados dos leilões, pois não era possível fazer isso de forma automática.

"Investir em conhecimento rende sempre os melhores juros."

BENJAMIN FRANKLIN

Então, eu resolvi fazer uma pesquisa com os clientes que usavam essa minha ferramenta e acabei descobrindo um dado curioso: 70% delas nunca haviam arrematado um imóvel em leilão. E a metade dos 30% restantes havia arrematado somente uma ou duas vezes.

O interessante é que nós achávamos que os clientes da nossa ferramenta eram arrematadores profissionais, mas não poderíamos estar mais errados! A maioria das pessoas, na verdade, não tinha segurança do processo de arrematação.

Diante disso, nós resolvemos ensinar as pessoas a arrematar imóveis em leilão.

A grande sacada, no entanto, não é simplesmente saber o que nós fizemos, mas como fizemos isso.

Ao invés de fazer um curso presencial, eu transformei em produto a informação de como arrematar imóveis em leilão. Como?

Eu gravei todas as aulas em vídeo, disponibilizei-as em um portal na internet de forma organizada, dividindo em módulos, e utilizei o que eu sabia de marketing para vender o acesso a esse portal. Isso permitiu ao meu negócio:

→ **Atingir um mercado maior**, afinal eu estava resolvendo um problema que a maioria das pessoas tinha.

→ **Ter uma margem de lucro muito maior que a do software**, devido ao baixo custo de produção e manutenção.

→ **Criar uma nova unidade operacional** que demandava uma estrutura (equipe e escritório) muito menor para ser entregue.

Foi a partir daí que o infoproduto, ou seja, esse produto de informação, acabou se tornando o carro-chefe das minhas empresas.

Pensa comigo: para você que está começando agora, o que você prefere?

Começar investindo centenas de milhares de reais, mais um custo fixo enorme com escritório e pessoas, ou começar com um produto que você pode produzir por conta própria, sem a necessidade de contratar muitas pessoas e com investimento pequeno?

Se você prefere a segunda opção, é isso que um infoproduto pode proporcionar.

O QUE É UM INFOPRODUTO?

"É um produto não tangível, uma informação digital que pode ser vendida ou disponibilizada gratuitamente na forma de arquivo para download na internet.
Há diversos: e-books, apostilas, cursos, vídeo-aulas, screencasts, aplicativos, kits etc. A proposta é resolver o problema de quem os adquire.

Esse comércio não requer espaço físico para armazenagem, não requer embalagens físicas ou taxas de entrega (frete). O produto é transferido pela internet e pode ser replicado praticamente sem custos, gerando grande lucratividade.

Qualquer pessoa que tenha conhecimentos específicos em determinada área ou assunto pode tornar-se um produtor."
Fonte: Wikipédia.

Como esse tipo de produto é baseado em informação, ele possui uma característica fundamental que, costumo dizer, é ao mesmo tempo uma bênção e uma maldição.

Por exemplo, se eu colocar na sua frente um colar feito com 100 gramas de ouro maciço ou um diamante do tamanho de uma bola de pingue-pongue e dizer que cada um deles custa R$ 100 mil, você não vai estranhar, pois provavelmente já deve saber que ouro e diamante são coisas caras.

Se eu quiser cobrar os mesmos R$ 100 mil por um colar feito de latão e vidro, você já de cara vai saber que ele não vale tudo isso, pois latão e vidro são insumos baratos.

Agora, quando falamos de informação, fica difícil você me dizer, de primeira, se ela é cara ou barata, pois o valor depende da capacidade que ela tem de resolver um problema.

Cobrar R$ 100 mil para eu dizer os próximos números da mega-sena pode ser a coisa mais barata do mundo, pois ela resolve um problema que tem muito valor para maioria das pessoas, ou seja, oferece um resultado muito maior do que o investimento inicial.

Informação é um conceito muito abstrato na cabeça da maioria das pessoas. Logo, elas não conseguem intuitivamente definir qual o valor que a informação tem. Por outro lado, se elas não conseguem definir o valor da informação, você é quem vai definir o valor por elas e, assim, construir o valor do seu produto. Além de, consequentemente, poder cobrar um valor justo por ele, aumentando ainda mais sua margem de lucro.

Além disso, **ao "educar" o seu cliente (ou seja, oferecer informação), ele tende a ser um melhor consumidor para você, tende a ficar mais satisfeito e a comprar mais também.**

Por isso, eu e outras centenas de empreendedores não conseguimos ignorar um modelo de negócio ao redor de infoproduto, quando nos deparamos com esse tipo de oportunidade.

2

como escolher o que lançar?

Agora que você conhece todos os benefícios dos infoprodutos, eu imagino que uma dessas duas coisas deve ter acontecido:

→ Você acabou de ter aquela ideia incrível e acredita que ela pode se tornar um infoproduto top.
→ Você quer começar, mas não tem ideia do que lançar.

O fato é que, independentemente de qual for o seu caso, tão importante quanto ter uma ideia é validá-la. E essa validação geralmente ocorre em 3 níveis, que eu chamo de P.H.D. (Paixão, Habilidade e Demanda).

PAIXÃO

Esse é um nível mais pessoal e subjetivo. É você se perguntar se a **ideia que você tem é algo que você gosta de fazer.**

Você se vê trabalhando nisso pelos próximos dez anos, pelo menos?

Você tem vontade de aprender cada vez mais?
Você vai colocar o esforço necessário para melhorar de forma constante no que pretende ensinar?

Isso é importante, pois quanto mais apaixonado você for, mais você vai naturalmente querer aprender, melhor você vai ficar e mais pessoas você vai conseguir ajudar.

E uma coisa é certa: quanto mais pessoas você ajudar, maior vai ser o seu retorno financeiro, o que vai estimular você ainda mais.

Enfim, quando o que você faz está alinhado com a sua paixão, é mais fácil fechar um círculo virtuoso no seu negócio.

HABILIDADE

O sucesso do seu negócio não vai ser medido pelo nível de paixão que você tem por um determinado assunto, mas pela sua **habilidade em resolver o problema das pessoas.**

Resolver problemas e causar transformação é o que vai determinar o sucesso do seu infoproduto.

Então, a próxima pergunta que você tem que se fazer é: "Eu tenho habilidade para resolver algum tipo de problema ou causar algum tipo de transformação?"

Dos três níveis do P.H.D., esse é o único que não é negociável. Não tem meio certo.

Eu nunca vi um negócio crescer e fazer sucesso, no longo prazo, se não fosse muito bom em resolver o problema de um grupo de pessoas. Nunca!

Mas se ao ler isso você pensou: "Então lascou, porque eu atualmente não tenho habilidade para resolver nenhum problema específico." Calma! Fique tranquilo que eu tenho uma boa notícia para você!

Não precisa necessariamente ser você o dono dessa habilidade. Você pode perfeitamente se associar a um expert, alguém que tenha habilidade para resolver o problema dos clientes do seu nicho.

Afinal, por mais que você não tenha habilidade específica para criar um infoproduto, você aprendeu uma das habilidades mais raras do mundo dos negócios: a habilidade de fazer marketing que dá resultado e, com isso, gerar vendas.

Essa habilidade coloca você na posição de poder escolher o expert com quem deseja trabalhar. Pois, acredite em mim, existem mais experts no mundo do que pessoas capazes de criar negócios e gerar vendas na internet.

Para ser sincero, eu tenho diversos clientes (eu realmente perdi a conta, tamanho é o número) que têm negócios de grande sucesso, mas que não são os especialistas.

Mas atenção! O expert que você escolher tem que, obrigatoriamente, cumprir três pré-requisitos:

→ Tem que ter habilidade para resolver um problema, por razões óbvias (afinal, se ele não tem habilidade, não tem por que estar no negócio com você).
→ Tem que verdadeiramente ser apaixonado pelo que faz, primeiro pelas razões que já expliquei e, segundo, porque quanto mais apaixonado ele for, mais ele verá valor no seu trabalho. Afinal, você será a pessoa que, cuidando de todo o resto do negócio, vai permitir que a pessoa só trabalhe naquilo que ama.
→ Tem que ser uma pessoa com a qual você goste de trabalhar, pois vocês vão ser parceiros de negócio e você não vai querer começar um negócio com quem não tem afinidade profissional.

DEMANDA

Não adianta você ser a pessoa mais apaixonada e habilidosa do mundo, se não existe um grupo de pessoas significativo com o problema que você consegue resolver.

E, com a internet, hoje você não precisa estar com um produto pronto para colocá-lo à venda às cegas e só depois descobrir se as pessoas querem aquilo ou não.

Existem maneiras rápidas e gratuitas de você checar se existe demanda por aquele tipo de produto, ou seja, se existem pessoas que estão buscando solucionar o problema que o seu produto resolve.

A melhor maneira que eu conheço, para quem está começando e ainda não tem lista nem audiência, é utilizar uma ferramenta chamada Planejador de palavras-chave do Google.

Nessa ferramenta, você pode inserir um termo de busca para saber quantas buscas mensais são feitas por aquele tema no Google.

Por exemplo, se você quer criar um produto "como treinar cachorro" você pode digitar o termo "como treinar cachorro" nessa ferramenta e ver quantas vezes ela é buscada por mês.

Quanto maior for o número de buscas, maior é o potencial desse nicho de mercado, ou seja, mais pessoas estão buscando resolver esse problema.

Uma segunda coisa que pode ser olhada é a quantidade de anúncios on-line desse nicho.

Muita gente pensa nisso como algo ruim, pois existe concorrência, mas na verdade é um indicador de que existe dinheiro nesse mercado, pois anúncios custam dinheiro e, se tem gente anunciando, é porque deve haver retorno para esse investimento.

Além do mais, muitas vezes os anúncios podem ser de produtos complementares ao seu. Por exemplo: se você vende um treinamento para cachorros e os anúncios são de produtos físicos (comida, acessórios etc.), eles mais complementam do que concorrem com você.

E o mais interessante é que a demanda não é 0 ou 1, ou seja, não é "tem" ou "não tem" demanda. Esses indicadores mostram o tamanho de um determinado mercado e esse tamanho pode variar.

Você tem que julgar se ele é suficientemente grande para o que você quer para o seu negócio, afinal, muita gente não precisa de um negócio de bilhões de reais para se sentir realizada.

Esses são os níveis P.H.D. para você validar a sua ideia.

Se você ainda não tem uma ideia clara, você pode fazer um brainstorm e validar cada uma das opções nesses três níveis.

Uma dica para procurar ideias é ver negócios que deram certo fora do Brasil, mas que não existem aqui ainda. E acredite: existem muitos! Muitos mesmo. Inclusive, foi assim que eu tive a ideia do meu primeiro negócio (a ferramenta de que concentrava e organizava a informação de onde aconteciam os leilões de imóveis).

3
mãos à obra!

Eu sei que não é uma tarefa fácil começar um negócio do zero ou, se você já tem um negócio, não é fácil alavancar suas vendas. Mas, seguindo esse passo a passo, essa missão se torna uma tarefa mais simples, não é mesmo? Lembra que eu disse para você que existem algumas coisas que são simples, mas não são fáceis? Então.

A grande sacada, aqui, é fazer você entender que estou dando a você essas ferramentas para que você não tenha que passar pelos mesmos perrengues que eu passei, quando estava montando meus negócios. Assim, você tem a possibilidade de economizar energia e gastar na construção do seu negócio!

↳ **Um passo além**
Você chegou até aqui?
Tenho um presente especial para você!
www.ericorocha.com.br/presente

"Guerreiros vitoriosos vencem a batalha antes de ela começar, enquanto os derrotados esperam a batalha para tentar vencer."

SUN TZU

anotações

Reimpressão abril, 2023

Fonte FAKT
Papel ALTA ALVURA 90 g/m²
Impressão IMPRENSA DA FÉ